四川师范大学学术著作出版基金资助

光明社科文库
GUANGMING DAILY PRESS:
A SOCIAL SCIENCE SERIES

·经济与管理书系·

智能化时代
AIGC如何重塑管理创新

薛丹丹　熊建军｜著

光明日报出版社

图书在版编目（CIP）数据

智能化时代：AIGC 如何重塑管理创新 / 薛丹丹，熊
建军著 . -- 北京：光明日报出版社，2025.2. -- ISBN
978 - 7 - 5194 - 8536 - 8

Ⅰ . C93-39

中国国家版本馆 CIP 数据核字第 2025BB6913 号

智能化时代：AIGC 如何重塑管理创新

ZHINENGHUA SHIDAI：AIGC RUHE CHONGSU GUANLI CHUANGXIN

著　　者：薛丹丹　熊建军	
责任编辑：刘兴华	责任校对：宋　悦　乔宇佳
封面设计：中联华文	责任印制：曹　诤

出版发行：光明日报出版社

地　　址：北京市西城区永安路 106 号，100050

电　　话：010-63169890（咨询），010-63131930（邮购）

传　　真：010-63131930

网　　址：http：//book.gmw.cn

E － mail：gmrbcbs@gmw.cn

法律顾问：北京市兰台律师事务所龚柳方律师

印　　刷：三河市华东印刷有限公司

装　　订：三河市华东印刷有限公司

本书如有破损、缺页、装订错误，请与本社联系调换，电话：010-63131930

开　　本：170mm×240mm

字　　数：176 千字　　　　　　印　　张：16.5

版　　次：2025 年 2 月第 1 版　　印　　次：2025 年 2 月第 1 次印刷

书　　号：ISBN 978 - 7 - 5194 - 8536 - 8

定　　价：95.00 元

序

在人类历史长河中，每一次工业革命都是一次浩然巨变，搅动着社会的方方面面，塑造着人类的生存与发展。而今，我们正身处于第四次工业革命的浪潮之中，亦是智能化时代的黎明时刻。在这个时代的拐点上，技术、人才和组织成为塑造未来的三大支柱，引领着新生产力管理创新的方向。

《智能化时代：AIGC如何重塑管理创新》深刻探讨了这一时代的到来，从时代的演进，工业化到信息化、互联网化、数字化，再到智能化的历程，揭示了智能化时代的本质与内涵。本书技术、人才和组织三条主线贯穿始终，剖析了智能化时代下的管理创新路径，展示了其所带来的深刻变革和巨大机遇。

首先，技术作为智能化时代的驱动力，呈现出前所未有的崭新面貌。技术不再是简单的工具，而是从完成特定任务到提供多样化解决方案再到影响整个社会生态的重要力量。从最初的单一应用到逐步构建的复杂生态系统，技术的发展呈现出一种渐进的演进过程，改变着我们的生活、工作和思维方式。智能化时代所催生的技术革命，不仅是单一技术的突破，更是各种技术的交叉融合，呈现出协同创新的新局面。从人工智能到物联网，从大数据到区块链，这些前沿技术的交汇与融合，正在孕育着一场前所未有的科技革命，将重塑我们的世界。

其次，人才在智能化时代的角色和地位发生了根本性的变化。从工业化时代被替代的蓝领，到信息化时代被替代的白领，再到智能化时代需要具备创造力的创造者，人才的演进蕴含着深刻的内涵。人机协同的模式正在催生出新的工作方式，而人才与人工智能的共生共荣将成为未来的主旋律，人才将不再是被替代的对象，而是技术发展的创新者和引领者。智能化时代所需的人才，不仅是具备专业知识和能运用人工智能的从业者，更是具备创新意识、跨界思维，可以赋能人工智能的导师型人才。因此，培养和吸引高素质的人才成为组织管理创新的当务之急，而人才的竞争和流动也将成为智能化时代的重要特征。

最后，组织作为智能化时代的载体和推动者，正在经历着翻天覆地的变革。从超级个体到中小企业再到大企业，组织的形态和功能不断演化，相互竞争与促进之中，形成了一个错综复杂的生态系统。管理创新成为组织生存与发展的关键，跨越组织层级、产业界限，最终影响着整个国家的发展方向和格局。智能化时代所催生的新型组织形态，不再局限于传统的企业边界，而是围绕着价值创造和协同创新展开。跨界合作、平台化运营、生态共生，成为智能化时代组织发展的重要路径。从产业集群到价值网络再到生态圈，智能化时代的组织正向着更加开放、灵活和共生的方向演进，为社会经济的可持续发展注入了新的动力和活力。

　　本书将这些主题融会贯通于各个章节之中，以严谨的学术态度和深刻的洞见力，描绘了智能化时代管理创新的全景图景。这不仅是一本关于管理创新的专著，更是一部关于人类未来命运的宏伟史诗，引领着我们走向一个全新的时代，一个充满希望和挑战的智能化时代。在时代的浪潮中，让我们携手前行，共同书写智慧与创新的篇章，创造出更加美好的明天。

薛丹丹

2024 年初夏

前　言

在这个科技飞速发展的时代，人工智能（Artificial Intelligence，AI）被视为引领未来的关键力量。2023 年以来，企业界和科技界的普遍共识是，这是一场人类工业革命级的浪潮，AI 将深刻地改变我们的经济、产业与社会格局，成为驱动未来发展的引擎，人类将面临前所未有的机遇和挑战。

本书旨在深入剖析这一趋势，探讨生成式人工智能（Artificial Intelligence Generated Content，AIGC）浪潮是对组织和个人的一场管理创新革命。笔者通过深入分析 AIGC 如何改变管理方式、影响组织文化以及重塑商业模式，着重研讨 AIGC 在未来场景中的实际应用以及管理创新中的应用与发展，以期帮助读者获得洞察在这一趋势中所蕴含的机遇与必备能力，使其能够更好地应对管理领域的变革与创新。

大学毕业生：未来的 AI 工具会像当年的 Windows 和 Office 一样普遍，成为人人必备的基础职业技能。如果您是在校大学生，希望快速了解未来就业中 AIGC 的作用，我建议您从第一章"应用篇"看起，本章主要涵盖了 AIGC 工具应用，希望您能够熟练掌握各种 AI 工具的使用。

　　企业家与中高层管理者：如果您是大中型企业的中高层管理者或是企业家，或在战略上寻求新技术的方向与机遇，或在思考 AIGC 如何促进新市场与业务的增长，或希望将 AIGC 引入到企业业务与管理流程之中，优化管理流程，降本增效，建议您重点关注第二章"企业篇"。相对于过去数年的数字化建设与转型，AIGC 具备投入小、见效快、周期短、部署轻，直接赋能基层岗位的特点，可以说 AIGC 是数字化升级与创新的最后 100 米。在本章中，笔者将重点介绍我们一年以来在企业端管理创新的实践案例与思考。

　　人力资源部门：未来十年二十年，企业需要什么样的人？企业的组织形态会如何演变？在 AI 时代，业务、组织与人才的关系是什么样的？如果您是企业人力资源与人才发展部门人士，建议您关注第三章"人才篇"。笔者将从 AI 人才战略 AIGC 人才库建设的三方面，来探讨如何为"人与 AI 协同进化"的时代打下坚实的基础。

　　创新者与创业者：如果您是创新部门的负责人或是创业者，笔者建议您重点关注第四章"创新篇"。在本章中，我们将重点探讨 AIGC 如何赋能创新创业，孵化出第二曲线增量市场；企业与创新团队如何抓住技术红利期，运用创新方法论，成功破局。

　　职场人士：如果您是职场人士，希望提升职业竞争力，甚至成为"超级个体"，笔者建议您重点关注第五章"未来篇"，在这章中我们将探讨 AIGC 在工作场景中的应用与发展。这一部分不仅需要技术的进步，更重要的是您所在岗位的工作流程与技能的累积与提炼，笔者称之为"职场炼金术"。还记得电影《钢铁侠》中，托尼·史塔克的人工智能助手贾维斯吗？重点是在您的工作场景中，这个

"贾维斯"需要您亲自调教出来。想一想是不是很酷？

政府、大学与研究机构：中国疫情后宏观经济能否重回快车道？地方政府如何从投资驱动转变为创新驱动，推动高质量发展？AIGC将如何进一步解放生产力，重构生产关系？如果您是政府工作人员、大学与研究机构人士，建议您关注第六章"国家篇"。高质量发展最终要靠创新，而创新最难的是思维创新，也许站在未来十年的节点，回顾思考今天面临的困局，才能跳出周期律，俯瞰全局，找到今天解决问题的切入点。在AI的浪潮面前，找到正确的答案也许不那么重要，而提出好问题可能会是一个好的开始。

回顾人类历史，我们会发现许多重大创新都伴随着危机而来。从工业革命到信息时代，每一次技术进步都是对传统思维与生活方式的颠覆，也是对社会体系的重新构建。正是在这样的变革中，人类不断适应，推动了社会的进步。因此，我们不能孤立地、静止地看待问题，而是需要以开放的心态去理解和适应这个变化的时代。

"创新是民族进步的灵魂，是一个国家兴旺发达的不竭源泉，也是中华民族最深沉的民族禀赋。"[①] 今天我们面临的不仅仅是一次技术周期的变革，更是人类对整个生产力和生产关系的重新定义。国家、社会、组织、个体都将在这场变革中发生深刻的转变。百年未有之大变局正滚滚向前，而AIGC将是这场变局中的关键力量。

熊建军

2024 年 2 月

---

① 习近平. 在同各界优秀青年代表座谈时的讲话［EB/OL］. 人民网，2013-05-04.

目　录
CONTENTS

第一章

应用篇

在 2023 年一个平凡的周四早晨，世界醒来时发现了一封异常引人注目的公开信。这封信不仅因为它的内容震撼人心，更因为它的签名者，刚刚荣升为世界首富的埃隆·马斯克（Elon Musk）先生以及另外 1000 多名来自全球各地的科学、技术和商业领域的杰出人士，他们共同表达了对于一项技术的深刻关注：生成式人工智能（Artificial Intelligence Generated Content，AIGC）技术，特别是 GPT（Generative Pre-trained Transformer）这一代表性产品。

GPT 是一种先进的自然语言处理技术，能够理解、生成、翻译甚至创造出令人难以置信的文本内容。简单来说，它就像是一个能写作、聊天，甚至编故事的超级大脑。想象一下，你只需要向它提出问题或给它一个主题，它就能够迅速给出响应，就像和一个博学多才的朋友对话一样。

但为何突然之间，每个人都开始谈论 GPT 和 AIGC 呢？原因有三个。

第一，无所不在的应用。从撰写新闻文章到创作诗歌，从编写代码到生成商业报告，GPT 的应用几乎无处不在。它的能力令人震惊，让人们开始想象在这项技术帮助下，未来的生活会是怎样的。

第二，创新与想象力的结合。GPT 提供了一种全新的创作方式。它能够基于给定的输入生成富有创造力和个性化的内容，这不仅是技术的胜利，也是想象力的胜利。

第三，讨论未来的工作与生活。GPT 和 AIGC 技术的兴起引发了人们关于未来工作本质、人类与机器关系以及创造力的本质等的深刻讨论。人们开始思考，当机器能够完成这么多原本由人类完成的任务时，我们的社会、经济和文化将如何适应这一变化。

在本章接下来的内容中，我们不会去讲述 GPT 技术的起源、发展和应用，因为您可以从公共的信息源获取大量的相关信息。我们将会深入探讨它如何触动每个人的工作与生活，以及它在全球范围内引发的讨论和思考。管理创新不仅仅关乎颠覆性的技术和商业模式，更关乎如何重新构想组织、领导力和团队动力。我们将通过真实的工具应用、案例分析以及对未来的预测，共同思考在这个快速变化的时代中如何找到自己的定位。同时，我们也将探讨如何利用这些新兴技术创造价值，并确保我们的社会能够以健康、公正的方式前进。这不仅仅是一场管理革命，更是我们面对的全球挑战之一，我们需要用集体的智慧和创新来应对。

第一节　人工智能的两个主要流派

在探索人工智能（Artificial Intelligence，AI）的奇妙世界时，我

们遇到了两个令人兴奋的分支："决策式人工智能"和"生成式人工智能"。这两种 AI 在我们的生活中扮演着越来越重要的角色，它们像是科技领域的双胞胎，有着相似的起源但各自走上了不同的发展路径。

一、决策式人工智能：逻辑的舵手

关于决策式人工智能，想象一下，你是一位船长，航行在茫茫大海上，决策式 AI 就是你的罗盘和舵手。它通过收集数据、分析情况，并基于一系列预定的规则和逻辑来帮助你做出最佳决策。无论是金融机构使用它来评估贷款申请的风险，还是电商平台利用它来推荐产品，决策式 AI 都在其中起着至关重要的作用。

二、生成式人工智能：创造力的源泉

生成式人工智能则像一个充满想象力的艺术家。它不仅能够处理和分析数据，还能够创造全新的内容。从写作小说、绘画艺术作品，到编写音乐和时尚设计，生成式 AI 像是打开了一个魔法盒子，展示了 AI 的创造潜力。GPT 这项技术就是一个典型例子，它能够基于输入的提示生成文本内容，仿佛拥有了自己的"想象力"。

三、异同对比：逻辑与创造力的交汇

尽管决策式人工智能和生成式人工智能听起来截然不同，但它们有一个共同点：都是为了扩展人类的能力。决策式 AI 通过优化和

自动化决策过程来增强我们的逻辑思考，而生成式 AI 则打开了创新和创造的大门，让我们能够探索前所未有的领域。然而，它们之间的区别也非常明显。决策式 AI 更注重效率和精确性，适用于需要明确输出和可预测结果的场景。而生成式 AI 则更加强调创新性和多样性，它的结果可能是不可预测的，但正是这种不确定性赋予了它无限的创造潜力。

在笔者不到一年的简短实践与探索中，我们似乎可以预见一个未来，这两种 AI 将会融合并协同工作，创造出前所未有的价值。想象一下，一个能够理解复杂数据、做出精准决策，同时又能够创造创新内容的 AI 系统，这样的系统将会在商业、医疗、教育、社会、艺术等多个领域产生革命性的影响。

决策式人工智能和生成式人工智能各自展示了 AI 技术的不同面貌：一个是逻辑和精确性的化身，另一个则是创新和创造力的源泉。随着技术的不断进步，我们可以期待这两种 AI 将在未来形成更加紧密的合作，共同推动人类社会向前发展。而我们，作为旁观者和参与者，将有幸见证这一切的发生。

第二节　决策式人工智能渗透生活各领域

决策式人工智能已经渗透到我们生活的方方面面，从优化商业决策到简化日常任务，它以我们几乎察觉不到的方式影响着我们。在这里，笔者将通过具体的场景和案例，探索决策式人工智能的能力，以及它是如何变革商业和日常生活的。

一、商业领域的应用

在商业领域，决策式 AI 的应用几乎无所不在，让我们通过几个具体的例子来看看它的作用。

（一）金融领域：纯信用个人贷款产品推荐与数据风控

在银行和金融服务行业，决策式 AI 的应用已经实现了革命性的进步，今天手机中银行及各类贷款机构的 APP，每天都在向我们推送各种贷款信息，只要我们动一动手指，几万甚至几十万的贷款瞬间就可以到账。银行利用 AI 分析借款人的信用记录、交易历史，甚至社交媒体行为，以此来评估借款风险并做出贷款决策。这种方法不仅加快了贷款审批过程，还能更准确地识别潜在的风险，降低违约率。同时，AI 还可以根据客户的财务状况和行为模式，推荐最适合其需求的贷款产品，提升客户满意度和忠诚度。可以说，没有 AI，就没有普惠金融如此广泛的覆盖面与可得性。

（二）供应链管理：智能快递物流

在供应链管理领域，例如，菜鸟网络和京东通过部署决策式 AI，已经实现物流网络的智能优化。当我们在网店下单时，我们时常能够收到这样的推送，"亲，您的快递包裹已经出库了，已经到达某城某一站点。在一小时以内，快递员将会上门送快递"，通过手机你可以准确无误地获得包裹在每一站的快递物流信息。

AI 系统能够实时分析物流数据，如货物流动、仓库库存、运输条件和市场需求等，自动调整物流策略，优化货物配送路线，减少配送时间和成本，并且实时反映到购买人的手机里。这种智能物流系统不仅提高了供应链的效率和响应速度，也提升了客户满意度，为企业创造了竞争优势。

（三）库存管理：智能仓储

假设你是一家零售连锁店的经理。在过去，决定何时订购产品以及订购每种产品的数量多少是一项挑战，需要依赖工人的经验和直觉。这种方法不仅耗时而且容易出错，尤其是在需求波动大的时节。这时，决策式AI就可以通过分析历史销售数据、季节性趋势、天气预报等因素，精确预测每种商品的需求量，并自动决定订货量。这不仅提高了效率，减少了过剩或缺货的情况，也大大降低了运营成本。

二、日常生活中的应用

在日常生活中，决策式AI同样扮演着重要角色。

（一）个性化推荐

想象一下，你在一个忙碌的工作日晚上，打开你最喜爱的视频流媒体服务平台，寻找放松的途径。你不需要浏览无数选项，推荐系统已经根据你的观看历史、评分和搜索习惯，为你准备好了一个观看列表。这背后正是决策式AI的功劳。它分析了大量的数据，了解了你的偏好，并做出决策，推荐给你你可能喜欢的内容。这种个性化体验让你感觉被理解，系统似乎是懂你的，为你节省了时间，提升了你的满意度。

（二）智能交通：打车平台的智能化决策管理

在个人交通领域，滴滴打车等平台利用决策式 AI 来管理庞大的运输网络，为乘客和司机提供优化的匹配服务。每时每刻，全世界都有许多人通过手机寻求叫车服务，有巨大数量的网约车和乘客在网络中运行，这需要极其复杂的"大脑"来指挥。AI 系统实时分析交通情况、乘客需求和司机位置，智能决策，匹配最近的司机以满足乘客的请求，同时考虑了效率和成本。这不仅减少了乘客的等待时间，也提高了司机的工作效率，优化了整个城市的交通流动性。

三、决策式 AI 的技术特征

通过上述例子，我们可以总结决策式人工智能的三个关键技术特征。

第一，数据驱动。决策式 AI 依赖于大量的数据来训练模型，进而做出准确的预测和决策。

第二，自动化决策。一旦训练完成，AI 能够自动进行决策，减少人工介入，提高效率和准确性。

第三，持续学习。随着时间推移和数据积累，AI 模型能够持续学习和适应，其决策结果也会不断优化。

通过这些具体的例子，我们可以看到，决策式 AI 正变得越来越智能，它的应用前景广阔，不仅能够为企业带来革命性的变化，也能极大地改善人们的日常生活。随着技术的不断进步和应用的不断扩展，决策式人工智能将继续在各个领域展现其独特的价值和潜力。

同时，通过上述的案例，我们也可以看到决策式 AI 的一些局限。

第一，特定场景。决策式 AI 就像是专家，几乎都被训练来用于某一特定场景，如金融、交通、媒体、物流。随着应用越发深入，它们会在专业领域内越来越智能，钻得越深。

第二，难以迁移。正是由于决策式 AI 的这种"专家"特性，使得模型难以"通用"，难以在不同领域与场景中迁移。我们的商业与生活中有多少细分的场景，那么我们将需要多么数量庞大的细分领域的专家，这不正是我们当前职场的现状吗？专业化分工，越分越细，越干越专。

第三，距离感。正是基于上述两个局限，传统的决策式 AI 其实离普通用户和企业中的普通员工很远，我们经常接触到的是需求侧，即我们手机应用商店中数以十万计的 APP 应用，在应用的背后是云计算、数据存储、数据运用，而 AI 则躲在整个系统最深处，把握全局，精准分析，帮助我们做出决策。

尽管我们平时很少直接接触 AI，但决策式人工智能正悄无声息地在我们的生活和工作中发挥着巨大的影响。从提高商业决策的准确性到为我们的日常生活带来便利和个性化体验，它的应用范围正在不断扩大。随着技术的进步，我们可以期待它将以更加智能和细腻的方式，继续改善我们的生活和工作方式。在这个由数据驱动的时代，了解和利用决策式 AI 的力量，将成为每个人和组织不可或缺的能力。

第三节 通用人工智能的黎明：AIGC 生成式人工智能

一、AIGC 的应用综述

一个世界，艺术家、作家、设计师、产品经理、营销市场和创意人士可以与一个强大的新型伙伴合作：生成式人工智能。这不再是科幻小说的情节，而是当前技术进步的现实。生成式 AI 的崛起，就像是科技领域一场突然到来的春天，它以其无限的可能性和创造力，给全世界带来了前所未有的震撼。

在商业领域，生成式 AI 正改变着游戏的规则。它能够创造独特的营销内容、个性化的广告文案，甚至可以为特定市场定制产品设计。例如，服装品牌利用生成式 AI 来设计新款式，而广告公司则用它来生成吸引人的广告语，这些都是之前无法想象的创新。

在日常生活中，生成式 AI 正在以一种更加亲密和个性化的方式融入我们的世界。从智能助手能够生成个性化的健康饮食计划，到家庭娱乐系统能够创作符合个人口味的音乐和电影，生成式 AI 让每个人的生活都变得更加丰富多彩。

在社会其他领域，例如，在教育领域，生成式 AI 能够为学生提供定制化的学习材料，甚至能够生成复杂的教学模拟环境，帮助学生通过实践实现个性化的学习。在艺术领域，它为艺术家提供了一个全新的创作工具，让他们能够探索前所未有的艺术形式和表达方式。

二、AIGC 目前的应用场景案例

在不到一年的时间里，AIGC 技术已经从实验室的大模型变成了我们日常生活和工作中不可或缺的一部分（如表 1-1 所示）。几乎在一夜之间，就强烈地影响了我们创造、沟通乃至思考的方式。

表 1-1　AIGC 生成式人工智能工具集

工具	AI 生成文本	AI 生成图像	AI 生成声音	AI 生成视频	AI 生成3D	AI 生成代码	智慧工具
应用层	通用写作；营销策划；办公助手；笔记工具	图片识别；图片生成；设计辅助	音乐创作；语音合成；语音助手	视频渲染；视频创作；动画制作；特效优化	数字孪生；数字人；3D 建模	代码生成；代码文档化；网页、APP、小程序搭建；SQL 数据库管理工具	智慧办公；智能工具；其他
工具层（国外）	ChatGPT；Claude2；The New bing；Jasper；Gamma；Tome	Midjourney；Stable Diffusion；Ideogram；Looka；Canve 可画；Pohotoshop	Azure AI；Poly. AI；Resemble；LALAL. AI	Runway；Fliki；Peech；Pika	D-ID；HeyGen；Dora AI；Luma AI	Github；Colipot；Cursor；Codeium；Whisper	ChatMind；RemoveBG；ClipDrop；Notion AI
工具层（国内）	文心一言；讯飞星火；通义千问；智普清言；腾讯混元	文心一格；Vega AI；标小智；美图秀秀	讯飞智作；魔音工坊	腾讯智影；剪映	硅基智能；奇妙元；灵动无限	aiXcoder；CodeGeex	ChatExcel；ChartCube；花火数图；MotionGO；WPS AI

（一）文字的魔法：GLM（Generative Language Model）生成式语言模型

从商业报告到精致的朋友圈文案，GLM 已经成为写作领域的颠覆性力量。只需输入几个关键词或简单的提示，GLM 就能够提供完整的文本，甚至是总结报告，这让内容创作变得前所未有的简单和高效。对营销人员、作家乃至任何需要书面文字的人士而言，GLM 不仅节省了时间，更为创造力提供了新的空间。

（二）演示的艺术：PPT 与思维导图

想象一下，你正在准备一个重要的演示，而 AIGC 技术可以帮助你从文本的编写到演示文稿（PowerPoint，PPT）的设计，甚至是编码实现特定的功能。这种技术的应用，让制作 PPT 变得既简单又专业，极大地提高了工作效率和演示的影响力。

（三）图像的变革：绘图艺术与设计

在广告和营销领域，AIGC 技术已经能够根据文案自动生成吸引人的图片和海报。这意味着，创意人员可以更专注于创意本身，而技术则帮助他们将这些创意快速转化为现实，这不仅包括引人入胜的产品说明，还有视觉上令人印象深刻的广告。

（四）多媒体的创新：声音训练、多语言转换与音乐视频创造

声音训练和生成打开了 AIGC 的又一扇门。现在，我们可以创造出任何人的声音，用于播客、虚拟助手甚至是音乐制作。这种技术的发展，不仅让声音内容的制作变得更加多样化，也为定制化和个性化的声音服务提供了可能。

结合文案、素材和视频生成技术，AIGC 已经能够帮助创作者制作出高质量的视频内容。这种技术的应用，从社交媒体的短视频到专业的广告制作甚至动画和微电影，都大大降低了制作门槛，使内

容创作更加多样化。

（五）数字人的诞生：真人的数字分身

结合文案、声音和虚拟形象生成数字人成为 AIGC 技术的最新成果。这些虚拟人物可以在虚拟世界中扮演各种角色，从客服代表到虚拟偶像，甚至是个性化的教育导师，为我们提供全新的互动体验。

第四节　文字的魔法：GLM（Generative Language Model）生成式语言模型

初学者往往需要通过三个阶段的学习来真正掌握生成式语言模型的能力。这个过程不仅是技术的学习，更是与 AIGC 合作的探索。每一步都将为您解锁新的能力，让您更有效地与这些工具对话。

首先，您需要熟悉生成式语言模型工具的基本操作。这个阶段的关键是让自己逐渐习惯 AI 生成工具的基础功能。通过实践，您将学会如何让模型生成简单的文本，如新闻摘要、微信文章或工作报告，这是您与 AI 对话的起点。

其次，随着对工具的熟悉，下一步是学习更复杂的技术：结构化的提示词生成方法。这个阶段，您将深入学习如何通过精确的指令控制 AI 的输出，使其更贴合特定的需求。通过让语言模型生成的提示词，您可以引导模型生成更为复杂、更具创意的内容，如定制广告文案、技术文章甚至是诗歌。

最后，为了使语言模型生成的内容更加准确、更符合您的预期，您需要学会如何有效地"投喂"文本与数据。这个阶段是提升与 AI 协作深度的关键。您将学习如何选择和处理数据，以及如何根据反馈调整输入，从而让模型更好地理解您的意图和风格。这不仅提高了生成内容的质量，也使得 AI 能够更加精准地反映您的需求和期望。

一、基础工具介绍与案例

在与生成式语言模型的对话中，您或许已经体验过那些出乎意料的回答，有时候它们令人惊艳，有时候却并不符合您的期待。这一切的关键，在于您如何设置提示词。提示词的构建有两种策略：一种是基于生成式语言模型扮演的"角色"，另一种则是从"我"的视角出发。

（一）基于"角色"自然语言的表达框架：

1. 先给他一个角色（你是麦肯锡咨询公司的咨询顾问）；

2. 给他一个明确具体的任务（请帮我生成一份中国 2023—2024 年新能源汽车市场的分析报告）；

3. 给他进一步清晰的指令（梳理出中国排名前十的新能源汽车厂商的资料，并列出其主要车型）；

4. 对于重要的东西可以用双引号重复强调（包含以下要素"总体市场占有率""毛利率""各级车型市场占有率""各级车型增长率""各级单车型增长前十""各级单车型下滑前十"等）；

5. 回车。

（二）基于"我"自然语言的表达框架：

1. 我是谁？（我是个跨境电商商家）；

2. 我在哪里？（我在东南亚卖中国义乌生产的发饰）；

3. 我要干什么？（我要了解一下泰国曼谷与清迈等主要城市哪些发饰卖得比较好）；

4. 我打算怎么干？（需要做一份泰国曼谷与清迈的发饰零售市场调研）；

5. 我要解决什么问题？（了解我的细分市场和相关竞品信息）；

6. 我期待的最终成果是什么样的？（我希望能整理出一份有详细数据的市场调研报告的大纲，帮助我更好地做当地市场调研）。

二、结构化的提示词工程

在当今中国的技术风潮中，用户入口的体验已经成为各大语言模型的必争之地，科技巨头和科技新星纷纷推出了自己的解决方案，例如，百度的"文心一言"，阿里巴巴的"通义千问"，科大讯飞的"讯飞星火"，腾讯的"混元"，以及智普AI的"智谱清言"和月之暗面Kimi等。它们大多采用两种方式，一种是"预设提示词功能"，另一种是"提示词优化功能"。

预设提示词功能是这些模型的一个基础但强大的特性。当用户向系统提出一个问题时,模型不仅能给出回答,还能自动生成一段结构化的提示词。这些提示词事实上是对问题理解的深化,通过对这些提示词进行简单的关键词修改,用户就可以根据自己的具体需求重新定制问题,使得回答更加精准。

例如,当你想要写一篇小红书的创作文案,你提出的问题在对话框中会自动填充为以下内容,并且其中有下划线的关键词都可以一键修改:

你是一位擅长创作小红书爆款文章的专家,请根据以下要求撰写一篇文章:

文章主题:蕾丝连衣裙。

创作要点:标题运用二极管标题法吸引眼球,内容使用叹号、表情符号增加活力,运用悬念和刺激内容引发读者好奇心,融入热点话题,采用口语化表达,选择与标题和正文强相关的Tags(标签)。

关键词:仙气、淑女、婚纱感。

字数要求:约 500 字。

提示词优化功能则更进一步,它能自动提供符合逻辑结构的提示词,帮助用户更深入地探索问题和答案。这一功能的应用意味着模型不仅理解了问题的表面,还能挖掘背后的深层次需求,从而生成更为丰富和具有洞察力的回答。

例如，当你想要写一份项目计划书，点击"优化"或类似菜单，会得到如下一份完整的提示词：

你是商业咨询公司的咨询顾问，请生成一份《健康监测手环》的项目计划书，包括以下部分：

（1）项目背景与意义；

（2）项目目标；

（3）详细的项目内容（如产品设计、开发、测试、营销、销售策略等）；

（4）项目进度安排；

（5）风险与对策；

（6）盈利模式与市场策略。

请保证项目计划书结构清晰、逻辑性强，内容具有可执行性，并且避免出现任何可能的不安全或有害内容。

另外，大语言模型本身也可以成为提示词生成器，以"文心一言"为例，如下所示：

我希望你成为我的提示词生成器。你的目标是帮我写出最符合我需要的提示词。

这个提示词将由你使用。你将按照以下步骤进行：

你的第一个回答是询问我与该提示词是关于什么的。我会给出我的答案，然后根据我的输入，你会给出你的回答内容，其中包含三个部分。

（1）优化后的提示词（提供你根据我的回答重新改写的提示词。提示词应该清晰、简洁，并且易于理解）；

（2）回答要求（提供该提示词的回答中需要满足的三个最相关的要求）；

（3）提示词补充问题（向我提出三个用于补充提示词的最相关的问题，来优化提示词）。

在这些部分的最后，必须附加下面四个选项：

选项 1：阅读输出并提供更多信息，或回答一个或多个问题。

选项 2：输入"使用此提示词"，表示我们已经完成提示词的优化，你应该直接使用修改后的提示词和回答要求来生成你的回答。

选项 3：输入"重新开始"，你需要删除最近一次修改的提示词，重新开始这个过程。

选项 4：输入"退出"以结束这个脚本，并返回正常的会话。

我们将利用上面四个选项不断迭代优化提示词，我会向你持续提供额外的信息，直到完成为止。

你对我上面说的要求有不理解的地方吗？

文心一言："我完全理解您的要求。现在，请告诉我您希望这个提示词是关于什么主题的，以便我能够根据您的需求来生成相应的提示词。"

运用上述的方法，你可以一直优化提示词，并且根据生成的内容，不断调整提示词，直到回答符合你最初的需求。

三、数据投喂与文本提炼

AIGC 正在改变我们与内容的互动方式。对于许多行业，尤其是金融、法律、教育和医药等领域，生成的内容不仅需要符合用户的预期，更必须精准且专业。然而，仅靠精心设计的提示词并不足以确保生成内容的专业性和准确性，因为 AI 模型通常是基于广泛的公共知识库预训练得来的。为了在这一挑战中取得成功，我们必须依靠更先进的技术：数据投喂与文本提炼。

想象一下，一个法律专业的 AI 助手，如果其训练基础是广泛的互联网内容而非专业的法律文献，那么它生成的法律建议可能会不够准确，甚至有误导的可能。因此，要生成真正专业的内容，我们需要确保 AI 的训练材料既专业又准确。这就是数据投喂和文本提炼发挥作用的地方。

数据投喂是一个系统化的过程，它涉及选择、清洗和优化数据，然后将这些数据"喂"给 AI 模型。在金融行业，这可能意味着将最新的市场分析报告、重要的经济指标以及历史交易数据输入模型。通过这种方式，AI 不仅学习了金融的语言，还吸收了行业的动态和逻辑。

文本提炼则是一个提高数据质量的过程，它帮助模型聚焦于最相关、最有价值的信息。这一功能通常通过算法来实现，这些算法能够从大量文本中提取关键信息，并转化为模型易于处理的格式。例如，在医药领域，文本提炼能够帮助 AI 模型理解复杂的医学术语和研究成果，从而提高生成建议的准确性和实用性。

例如，以"文心一言"为例，笔者上传了几篇关于"新质生产力"的文章，并运用以下提示词，将之生成一篇讲话稿。

提示词："将上传文档，提炼为 1000 字的讲话稿，对象为湖南地区中小企业家和大型企业高管。"

尊敬的诸位企业家：

大家好！

今天，我们汇聚一堂，共同探讨 2024 年新质生产力产业的未来趋势与机遇。在当前全球经济环境下，中国经济正步入高质量发展阶段，新质生产力的兴起为我们提供了无限的想象空间和广阔的发展空间。我相信，通过这次分享与交流，我们将共同把握新质生产力带来的机遇，推动湖南地区企业实现跨越式发展。

首先，我们来回顾一下当前的经济形势。2023 年，尽管全球经济在努力恢复，但整体表现并不如预期。全球型经济危机周期的演变路径让我们深刻认识到，经济波动是常态，而如何应对这种波动，寻找新的增长点，则是我们面临的重要课题。在这样的大背景下，我们提出了观察宏观经济三个维度：投资看债务、消费看人口、产业看科技。这为我们指明了方向，也为我们提供了决策依据。

其次，我们来谈谈新质生产力的提出与内涵。新质生产力是在全球科技革命和产业变革加速推进的背景下提出的，它以数字化、网络化、智能化新技术为支撑，以数据为关键生产要素，以科技创新为核心驱动力，以深化高新技术应用为主要特征。新质生产力的提出，标志着我国经济发展进入新阶段，也为湖南地区企业带来了新的发展机遇。

湖南地区作为我国的重要经济区域，拥有丰富的资源和优越的地理位置。在新质生产力的发展过程中，湖南地区的企业应该积极拥抱新技术、新模式，加快数字化转型和智能化升级。同时，我们还应该加强产学研融合，推动科技创新和成果转化，打造一批具有核心竞争力的产业集群。

未来产业布局方面，全球主要经济体都在抢占未来科技高点。美国在人工智能、量子信息科学等领域取得了显著进展；而我国也出台了相关政策，推动未来产业创新发展。湖南地区的企业应该紧跟时代潮流，结合自身实际，选择适合自己的发展方向。我们可以关注电子信息、智能装备、生命健康、新材料以及绿色低碳产业等领域的发展动态，积极参与其中，抢占先机。

当然，我们也要清醒地认识到，新质生产力的发展不是一蹴而就的。它需要我们在实践中不断探索、不断创新。同时，我们还需要加强人才培养和引进工作，为新质生产力的发展提供有力的人才保障。

最后，我想说的是，新质生产力的发展是一个长期的过程，需要我们共同努力、共同推进。让我们携手并进，共同开创湖南地区新质生产力产业的美好未来！

通过上述案例，我们可以看到，数据投喂与文本提炼功能不仅是一个工具插件，更是联结深度学习和专业知识的桥梁。正是这些技术，使得 AI 不再是简单的自动化工具，而成为能够理解并增强人类专业活动的智能系统。对任何追求卓越的行业和专业人士而言，这些技术的掌握和应用，将直接决定他们在激烈的市场竞争中是否能够领先一步。

第五节 演示的艺术：PPT 与思维导图

AI 工具的涌现，彻底改变了我们制作 PPT 的方式。我们将探讨国内几款 PPT AI 生成工具，它们各自的特点和适用人群，以及它们如何帮助用户以前所未有的速度和效率制作 PPT。

一、一键生成 PPT

（一）WPS AI

在众多 AI 辅助的 PPT 工具中，WPS AI 显得尤为突出，尽管它距离完美还有一段距离，但已经是目前可用的最佳选择之一。WPS

AI 的设计和功能在多个方面都显示出它的优越性，特别是在页面设计和逻辑布局方面。

WPS AI 特别适合制作工作总结类的 PPT。它的页面逻辑非常符合这一类文档的需求，帮助用户以结构化和有逻辑的方式呈现复杂信息。它的文字排版选项多样，可以满足不同的设计需求，从而增强 PPT 的视觉吸引力和阅读体验。

（二）美图 AI PPT

美图 AI PPT 是一个免费的在线 AI 生成 PPT 设计工具，以其一键生成功能和多种风格选项而受到欢迎。无论制作者是需要迅速准备一个会议的演讲，还是学生需要完成课程作业，美图 AI PPT 提供的快速和便捷的解决方案都将是理想之选。

（三）AiPPT

AiPPT 则以其全智能化操作和庞大的模板库著称，拥有超过十万种的模板。这使得它成为寻求专业级演示文稿的用户的首选。无论是商业演示还是教育讲座，AiPPT 都能提供高质量的设计和内容。

（四）beautiful.ai

beautiful.ai 的直观界面和智能设计建议使其成为需要精美视觉展示的用户的理想选择。此外，它还提供了强大的数据分析可视化工具，帮助用户以直观的方式展示复杂数据。

（五）MindShow

MindShow 采用强大的 AI 技术，用户只需输入想要展示的内容，就能自动生成整个 PPT。这是一个非常适合快速从文本到 PPT 转换的工具。

（六）讯飞智文

讯飞智文提供了从一键生成 PPT 到在线编辑、美化和排版的全流程服务。这种一站式解决方案非常适合需要全面服务的用户，尤其是在商务环境中需要迅速响应的场合。

（七）MotionGo

对于需要在其演示文稿中加入动画的用户，MotionGo 提供了一个独一无二的解决方案。它的智能动画库能够让任意 PPT 变得生动和吸引人。

二、快速生成思维导图

在当今快节奏、信息密集的工作和学习环境中，高效地组织和表达思想成为关键能力。思维导图，这种通过视觉方式整合和展示信息的方法，已经成为许多人的首选工具。而现在，随着 AI 技术的引入，思维导图的制作不仅变得更加迅速，还变得更加智能和高效。

（一）TreeMind 树图

TreeMind 树图是一个新一代的人工智能思维导图平台，它允许用户通过简单的文字输入即可自动生成详尽的思维导图。无论是用于学术学习、会议记录还是商业计划的制订，TreeMind 树图都能迅速地根据用户的指令生成清晰的思维导图，极大地提升了工作和学习的效率。这个平台的界面简洁直观，使得用户即便是初次接触也能轻松上手。

（二）GitMind 思乎

GitMind 思乎是一款广受欢迎的免费思维导图软件，它特别适用于团队协作和个人项目。GitMind 思乎推出了具备 AIGC 能力的 AI 机器人，这使得用户可以通过简单对话即可生成复杂的思维导图。这一功能极大地方便了用户在多种设备上进行同步工作，包括 PC 端和移动端。

（三）ChatMind

ChatMind 是由国内团队开发的一款创新的 AI 思维导图软件，它可以通过用户输入的文字自动生成结构化的思维导图。此外，Chat-Mind 还提供了丰富的模板库，满足不同职业和学习需求，无论是学生、教师还是市场营销人员，都能找到适合自己的模板。

（四）BoardMix 博思白板

BoardMix 博思白板是一款在线协作白板平台，集成了 AI 助手来帮助用户根据输入的主题自动生成思维导图。除了 AI 思维导图功能，博思白板还提供了丰富的白板工具，如画笔、便签和多媒体，使得团队协作更加高效。

（五）Whimsical

Whimsical 是一个国际知名的在线协作平台，它最近推出的 Mind maps 功能，能够根据用户的提示自动生成新的思维导图元素。这一功能不仅加快了头脑风暴的过程，还能帮助团队成员更高效地共享和发展创意。

这些 AI 驱动的思维导图工具正在彻底改变我们收集、组织和分享信息的方式。通过自动化的数据处理和智能化的内容生成，它们不仅提高了我们的工作效率，还开发了全新的创造可能性。无论是企业家、学生、教师还是创意工作者，这些工具都能帮助他以前所未有的方式思考和创新。

三、生成可视化图示图表

在当今数据驱动的世界中，有效地可视化和解释数据已成为企业和研究机构的核心能力。AI 工具制作的可视化图表不仅使数据解读变得更加直观，而且极大地提高了工作效率和决策质量。

（一）ChiPlot

ChiPlot 是一个基于 Web 的在线可视化工具，旨在帮助数据科学家和分析师快速创建和分享可视化结果。它支持散点图、柱状图、饼图等多种图表类型，并提供了丰富的自定义选项。ChiPlot 还强调团队协作和数据的交互式探索，使得共享和编辑工作成果变得简单便捷。

（二）花火数图

花火数图提供了从基础到高级的多种可视化类型，如折线图、热力图和极坐标图等。它的数据透视和过滤功能极其强大，适合需要进行深入数据分析的用户。花火数图的执行速度和性能表现稳定，尽管在处理极大数据量时可能需要更多时间。

（三）Flourish

Flourish 是一款功能强大的在线数据可视化工具，能够创建各种类型的图表和动画。它提供了丰富的自定义选项和动画效果，用户可以轻松地通过拖放界面添加数据和编辑图表。Flourish 还支持动态数据表示和时间轴功能，这使其成为制作复杂和动态数据故事的理想选择。

（四）ChartCube 图表魔方

由蚂蚁集团开发的 ChartCube 提供了一种直观的数据可视化解决方案，用户可以通过简单地上传数据和选择图表类型来创建视觉图表。该平台支持多种语言，并提供了从折线图到雷达图等广泛的图表类型。

（五）镝数图表

镝数图表以其丰富的图表模板和易用性著称，用户只需输入数据即可快速生成可视化图表。此外，镝数图表还聚合了中国各大开放数据平台的数据，极大地简化了数据查找和清洗的过程。它的"词云图"功能将图表与文本写作完美整合，使得从数据到故事的转换更加流畅。

（六）ImageGP

ImageGP 是一个专为科研而设计的可视化平台，提供了从折线图到桑基图等多种复杂的图表类型。这个平台特别适合科研人员使用，因为它不仅操作简单，而且能够生成精细美观的图表，无须用户具备深入的编程知识。它的用户界面非常友好，使得即使是可视化新手也可以轻松制作出专业级的图表。

（七）基迪奥生物云平台

基迪奥生物云平台提供了近 200 种数据分析及作图工具，部分服务需要付费，但价格相对低廉。这个平台集成了多数生物信息公司的数据处理功能，内容丰富且实用，尤其适合生物信息学和大数据分析领域的专业人士。

（八）Hiplot

Hiplot 是由国内顶尖学术人才开发的一个平台，提供了 200 多种在线工具。它不仅为用户提供了大量的免费图表选项，还集成了 ChatGPT 3.5 和 ChatGPT 4.0，尽管这需要付费。Hiplot 的高级临床统计工具特别适合医学和生物科学研究，这使它在同类平台中独树一帜。

这些 AI 工具制作的可视化图表工具各具特色，无论是需要处理复杂科研数据的研究人员，还是追求效率的数据分析师，都能在这些工具中找到满足自己需求的解决方案。正确利用这些工具，可以极大地提升数据呈现的质量和效率，帮助用户从数据中获得更深刻的洞察。

第六节　图像的变革：绘图艺术与设计

在当今这个视觉驱动的时代，AI 绘画工具以其独特的方式重塑了我们对艺术创作的认识。不仅是专业的艺术家，普通用户也可以通过这些工具轻松地将自己的想法转化为视觉艺术作品。对那些想要探索 AI 绘画但担心学习成本和技术门槛的人来说，笔者帮你整理了 6 款国内免费且支持中文输入的 AI 绘画工具。这些工具不仅易于上手，还能激发你的创造力，让艺术创作变得简单。

一、基础工具介绍与案例

（一）Vega AI

Vega AI 是一个功能全面的国产 AI 绘画平台，基于 Stable Diffusion 技术开发，提供文本生成图、图片生成图片及图片风格转换等功能。它特别适合新手，因为平台操作简单，并设有交流社区和风格广场，用户可以轻松浏览并选择各种风格进行创作。Vega AI 支持用户上传自己的图片训练模型，非常适合进行个性化创作。

（二）即时设计

即时设计是一个强大的在线 UI 设计工具，它不仅提供了丰富的在线素材和云端字体，还能满足从移动端到 PC 端等各种设计需求。该平台推出了即时 AI 工具，通过简单的自然语言描述即可生成可编辑的 UI 设计稿，极大提高了设计效率。此外，即时灵感工具允许用户根据预设风格快速生成 AI 绘画，激发无限创意。

（三）MewX AI

MewX 是一个专注于艺术创作的在线平台，它允许用户根据文字提示快速生成绘画作品。平台提供多种风格和元素选择，支持用户对 AI 生成的图像进行调整和编辑。MewX 不仅界面友好，适合所有用户，还提供了强大的图像生成引擎，可定制多样的视觉风格，确保生成结果的高质量。

（四）创客帖 AI 画匠

创客帖 AI 画匠是一个支持文生图和图生漫两种模式的图像生成

工具。用户可以选择不同的绘画风格，如漫画、油画等，并通过文本描述生成目标图像。AI画匠的最新版本增强了图生漫功能，提供多种控图方式，例如，图片精细化重绘和人物姿势识别，帮助用户创作出符合期望的艺术作品。

（五）通义万相

阿里巴巴开发的通义万相专注于生成3D风格的人像和自然场景。其技术在人像绘制上非常逼真，能精确捕捉面部特征和表情，而在自然场景的绘制上也能详尽地表现出自然元素的细节，为用户提供了较好的视觉体验。

（六）文心一格

百度的文心一格擅长生成二次元图像和古风画，色彩鲜明，线条流畅，非常适合动漫爱好者和喜欢古典艺术的用户。平台提供了丰富的定制选项，例如，画面风格选择和图片二次编辑功能，让用户的创作更加符合个人风格和需求。

二、提示词与参数设定

对初学者来说，理解如何有效使用AI绘图工具的提示词（prompts）和参数设置是至关重要的。下文将全面解析AI绘图的提示词与参数设置，让你能够轻松入门并精进你的艺术创作。

提示词是告诉AI你想要创造什么样的图像的关键词汇。有效的提示词能够显著提高生成图像的相关性和质量。这些词汇应当尽可能具体而详细，以英文形式书写，并聚焦于描述你所希望的场景、对象、风格及感觉。

绘图提示词的精妙之处在于其结构，它由多个部分组成，每个部分都精确描述了你希望 AI 创造的图像的一个方面。这些部分包括主体描绘、核心主体、主体动作、风格、光效、色彩、视角和质量。正确的组合可以让 AI 更精确地理解并执行你的创作意图。

（一）核心主体

这是你图像的主角，可以是人物（如"young woman""old male"）、动物（如"tiger""fox"）或地点（如"New York""Roman Colosseum"）。选择一个鲜明的核心主体是让你的艺术作品生动起来的第一步。

（二）主体描绘

这一部分用于增添对主体特征的描述，如"cute"（可爱的）、"gorgeous"（华丽的）或"mysterious"（神秘的）。这些形容词可以帮助 AI 抓住主体的气质和外观特征。

（三）主体动作

描述主体正在进行的活动，如"Dad is reading the newspaper"（爸爸在看报纸）或"A girl, laughing, holding microphone"（一个女孩，笑着，拿着麦克风）。这样的动作描述使得图像具有故事性和动态感。

（四）风格

这里指的是艺术风格或材质，如"pixel art"（像素画）、"minimalism"（极简主义）或特定的艺术家风格如"Pixar"或"Ghibli"。

这决定了你作品的视觉表现形式。

（五）光效和色彩

光效如"spotlight"（聚光灯）、"backlight"（逆光）或"glowing neon"（霓虹灯）会影响图像的光影效果；色彩如"warm color"（暖色调）、"pastel color"（粉彩色）则设定了图像的色调基调。

（六）视角和质量

视角如"close-up"（近景特写）或"epic wide shot"（史诗广角）决定了观众与图像之间的空间关系。质量如"extremely detailed"（极为细致）或"UHD"（Ultra High-Definition，超高清）则定义了图像的细节程度。

（七）命令

特定的命令，如图片尺寸--ar 16：9定义了图像的宽高比，这对于确保图像的视觉效果符合特定格式或媒体要求至关重要。

（八）参数设置

掌握参数设置是优化AI绘图的关键。通过调整如采样步数、采样方法、图像尺寸等参数，你可以精细控制图像生成的每一个环节。

采样步数（Sampling Steps）决定了生成过程的迭代次数，影响图像的清晰度。

采样方法（Sampling Method）影响图像的整体风格和质感。

宽度和高度（Width，Height）设置确定了图像的分辨率，较高的分辨率可以提供更丰富的细节，但要求更强的计算能力。

配置比例（Classifier-Free Guidance Scale，CFG Scale）控制提示

词与生成内容的相关性。数值越高，生成的图像越忠实于输入的提示词。

（九）提示词分类和书写方式

1. 内容型提示词

人物及主体特征：如"white dress"（白色连衣裙）、"blonde hair, long hair"（金色长发）。

场景特征：如"indoor/outdoor"（室内/室外）、"forest, city, street"（森林、城市、街道）。

环境光照：如"day/night"（白天/夜晚）、"sunlight, bright, dark"（阳光、明亮、暗淡）。

画幅视角：如"close-up, perspective"（特写、远景）、"full body, upper body"（全身、上半身）。

2. 标准化提示词

画质提示词：如"best quality, ultra-detailed"（最佳质量、超细节）。

画风提示词：如"illustration, anime"（插画、动漫）。

特定风格或技术：如"photorealistic looks, unreal engine rendering"（照片级真实感、虚幻引擎渲染）。

（十）权重调整

提示词的权重决定了各个元素在生成图像中的重要性。你可以通过使用圆括号、大括号和方括号来调整权重：

圆括号"（）"增强重要性。每增加一层圆括号，权重增加 10%。

大括号"｛｝"略微增强重要性。每增加一层大括号，权重增加 5%。

方括号"［］"减少重要性。每增加一层方括号，权重减少 10%。

三、智能化辅助设计

AI 绘图工具正在革命化地改变设计师的工作方式。这些工具，如 Sketch、Figma、MasterGo 和 Photoshop，虽然只是帮助设计师将脑海中的创意具体化，但它们在促进跨团队沟通中发挥着不可或缺的作用。然而，不是所有设计师在每一个技能领域都能达到顶尖水平，尤其是那些在交互设计方面有才华但在视觉设计上相对薄弱的设计师，他们的创造力往往受到自己技能和经验的限制。为了解决这个问题，AI 绘图工具如 Midjourney 提供了一种新的解决方案，（以下均以 Midjourney 软件为例进行说明，并简称 MJ）。这些工具不仅降低了学习新软件的成本，使设计师能够在较短的时间内补充自己的短板，还能激发设计师在接触新技术时的灵感。MJ 等工具的出现，使得即使是小团队也能在不增加人力成本的情况下，实现复杂的 3D 视觉效果。这对没有能力聘请专职 C4D 设计师或动画设计师的小型设计团队来说，是一个巨大的福音。

例如，在设计一个需要 3D 视觉效果的项目中，小团队可能会感到无从下手。传统的解决方案可能是聘请一名专职的 3D 设计师，但这对公司来说可能是一个高成本的投入，对设计师个人而言，这样的职位可能没有长远的发展前景。而使用 AI 绘图工具，设计师可以快速获得所需的高质量视觉效果，无须外部专家的帮助，这不仅节省了成本，也提高了工作效率。

尽管 MJ 等工具为设计提供了前所未有的便利和速度，但它们也有自身的局限性。通过深入分析这些工具的优势和劣势，我们可以更好地理解它们在商业应用中的实际可行性。

一方面，MJ 极大地降低了使用门槛。设计师不需要掌握复杂的软件操作技能，只需具备良好的审美能力和对指令的基本了解即可。这使得即使是视觉设计能力较弱的交互设计师也能够快速生成高质量的视觉内容。MJ 的操作简便，用户可以通过网络上已有的句型和关键词快速上手，并根据实际需要进行调整。

另一方面，MJ 非常适合前期创意探索阶段。设计师可以在进行具体视觉输出之前，利用这个工具进行大量的实验和尝试，从而确保最终设计方案的创新性和实用性。对于出版印刷行业等视觉输出要求较高且体量较大的领域，MJ 提供了一个高效且成本效益显著的解决方案。

然而，MJ 在 3D 图像的生成质量上还不能与专业的 3D 软件相媲美。其生成的 3D 图像在物体间的结构关系、透视效果及细节处理上常常显得粗糙。此外，由于生成结果的不可控性，设计师无法在同一基础上生成不同角度的图像，或在图像中增减元素，这限制了其在需要系列化图像的专业场景中的应用。

解析度也是一个问题，尽管 MJ 的 V4 版本能够生成高达 2048 * 2048px

的图像，但这在某些要求极高的应用场景中仍显不足。此外，生成的图像往往还需要通过 Photoshop 等软件进行后期精修，以满足商业发布的标准。

尽管存在上述局限，MJ 在特定场景下的应用仍然显示出其独特的价值。例如，在设计不需要系列化图像的 B 端图标或单一视觉效果时，MJ 可以快速提供令人满意的结果。此外，它也适用于生成网站背景、登录界面背景或 PPT 背景等单一使用的视觉元素。

总的来说，MJ 和类似的 AI 绘图工具正在为设计师提供前所未有的便利和创造的可能性。通过积极地拥抱这些变化，并学习如何掌握这些新技术，设计师不仅能够提高工作效率，还能够通过这些工具拓展自己的创意边界。我们需要建立起在这个快速变化的行业中的竞争优势，利用 AI 的力量，而不是被它取代。这意味着我们应该成为 AI 生成内容的导演，而非使用者。

第七节　多媒体的创新：声音训练、多语言转换与音乐视频创造

AI 的进步正在彻底改变声音技术的面貌。AI 声音训练和智能配音已经成为广告、电影和视频游戏行业中的重要工具。这些技术允许声音被定制化和优化，以适应特定的叙述需求或品牌声音，极大地提高了生产效率和质量。

随着全球新兴市场的发展，多国语言转换技术比以往任何时候

都更受到重视。它打破了语言障碍，让内容创作者能够轻松地触及全球观众，无须担心语言的限制。通过 AI，视频和音频内容可以自动翻译并配音，使得内容本地化过程更为简便，成本降低，效率更高。

音乐制作和视频剪辑领域也正在经历一场由 AI 驱动的革命。AI 不仅能够根据既定的情绪或风格自动创作音乐，还能智能剪辑视频，匹配节奏和动态。这意味着制作人可以更加专注于创意和艺术表达，而让 AI 技术处理烦琐的编辑工作。

一、声音训练与多语言转换

在声音技术领域，特别是声音合成领域，AI 已经达到了令人惊叹的水平。声音克隆和声音转换技术通过模拟和复制人声，不仅为创意产业带来了革命性的变革，也在日常生活中越来越受欢迎。

（一）AI 声音技术

1. 声音转换（Voice Conversion，VC）

这种技术主要用于将一个人的声音转换成另一个人的声音，同时保留原始语音的内容信息。

2. 声音克隆（Voice Cloning，VCL）

不仅转换声音特征，还能生成声音内容。这种技术通过训练特定人物的声音模型，实现将文本信息转换为该人物的语音。

3. 普通文本转语音（General Text-to-Speech，GTTS）

这种技术将文本信息转换为语音，通常使用预训练的声音模型，并不专注于特定人物的声音特征。

（二）TTS 与 SVC 的技术差异

1. TTS（Text-to-Speech）

将文本转换为语音，主要通过自然语言处理技术实现。通过少量的音频样本，就能快速克隆声音，非常适合需要快速生成定制化声音的场景，如有声书制作或虚拟助手。

2. SVC（Singing Voice Conversion）

更多关注于歌声的转换，可以将一个歌手的歌声风格转换为另一种风格，主要应用于音乐制作和娱乐行业。

（三）常见工具介绍

在下文中，我们将探讨六种市场上的 AI 声音工具和软件，介绍它们各自的技术特点，以及如何在实际应用中利用这些工具。

1. ElevenLabs

提供在线文字转语音服务，能够实现高质量的声音克隆。它支持多种语言和口音，并能自适应学习声音特征，非常适合需要多样化声音输出的应用场景。

2. So-Vits-SVC

基于歌声转换技术的声音克隆工具，专注于将一种风格的歌声转换为另一种风格的歌声，适用于音乐产业和娱乐领域。

3. Deep Voice

这是一个由百度推出的声音转换系统，采用深度学习技术，支持个性化声音转换服务。

4. Voicery

提供在线声音转换的平台，支持多种语言和声音风格，可以实时转换语音，适合需要即时语音合成的应用场景。

5. Lyrebird

利用深度学习进行声音克隆，可以将文本转换为语音，支持多种语言风格，并提供 API 进行语音合成。

6. TTSMaker（马克配音）

一款优秀的 AI 配音工具，提供语音合成服务，支持多种语言，包括中文、英语、日语、韩语、法语、德语、西班牙语、阿拉伯语等 50 多种语言，以及超过 300 种语言风格。可以用它制作视频配音，也可用于有声书朗读，或下载音频文件用于商业用途。

通过这些先进的 AI 声音技术，设计师和开发者不再受限于传统声音录制，可以更自由地创造和实现新的声音效果。随着这些技术的不断进步和完善，我们预计未来将有更多创新的应用出现，进一步丰富我们的数字媒体体验。

二、音乐与歌曲制作

在音乐产业的不断演进中，AI 音乐制作工具已成为创新前沿，引领着音乐创作的新潮流。这些工具不仅为音乐人提供了前所未有的便利，也推动了音乐的多样性进步。以下是一些引人注目的 AI 音乐制作工具，它们各自的特点和功能正塑造着现代音乐制作的新面貌。

（一）Suno AI

Suno AI 是一款由 AI 初创公司 Suno 开发的音乐创作工具，因其能在数秒内生成完整的两分钟歌曲而被誉为音乐界的"ChatGPT"。它的 V3 版本特别强调高音质输出，使其成为制作广播级歌曲的理想选择。Suno AI 支持多种语言和音乐风格，能够快速根据用户提示生成包括歌词、旋律与和声在内的完整作品。

（二）Magenta Studio

由谷歌开发的 Magenta Studio 是一款跨平台的 AI 音乐工具，特别适合与 Ableton Live 集成使用。它提供了多种工具，如 Continue、Drumify 和 Generate，这些工具通过神经网络学习数百万首歌曲，帮助用户将简单的旋律转化为成熟的音乐作品。Magenta Studio 是探索 AI 在音乐创作中的潜力的理想平台。

（三）AIVA

AIVA 专注于为视频游戏和电影项目创作原创音乐。这个平台提供定制化的创作服务，并支持多种音乐风格，非常适合专业作曲家使用。AIVA 能够从零开始创作自定义乐谱，提供灵活的订阅计划以满足不同用户的需求。

（四）网易天音

网易天音是由网易云音乐推出的一站式 AI 音乐生成工具。这款工具特别适合音乐爱好者和歌手。它可以在用户输入灵感后辅助完成整个音乐的创作过程，包括作词、作曲、编曲和演唱。网易天音还支持词曲协同调整，使用户能够微调 AI 生成的初稿。

（五）TME Studio

腾讯音乐娱乐集团推出的 TME Studio 是一个强大的 AI 音乐制作工具。该工具由腾讯旗下多个实验室共同开发，提供了音乐分离、MIR 计算、辅助写词和智能曲谱等功能，使音乐创作变得更加简单。

（六）网易云音乐·X Studio

作为网易云音乐与小冰公司联合推出的 AI 音乐创作软件，网易云音乐·X Studio 为广大音乐人和音乐爱好者免费提供服务。它支持高达 30 轨的 AI 音轨合并，并拥有多名不同声线风格的 AI 歌手，帮助音乐人轻松创作高质量的 AI 新时代音乐作品。

这些 AI 音乐制作工具的出现不仅为音乐人提供了新的创作工具，也为整个音乐行业带来了新的生产力。随着技术的进步，我们可以预见未来音乐创作将更加多元化和个性化，AI 工具将在音乐产业中扮演越来越重要的角色。

三、视频剪辑与动画制作

在当今数字化快速发展的时代，AI 视频制作技术已经远远超越了简单的"换脸"或视频特效。随着 AI 图像领域的飞速进步，AI 视频技术也实现了质的突破，为创意产业带来了革命性的变化。下文将详细探讨多种 AI 视频制作工具的技术特性与应用。

（一）AI 视频生成技术分类

1. 文生视频与图生视频

工具如 Runway、Pika Labs、SD + Infinite Zoom 等，这些工具能

够从简单的文本或图像出发，快速生成视频内容。

2. 视频生视频

包括逐帧生成如 SD + Mov2mov，关键帧+补帧如 SD + EbSynth，以及动态捕捉技术如 DeepMotion 和 Move AI。视频修复技术 Topaz Video AI，专注于改善视频质量和恢复损坏的视频内容。

3. AI Avatar 与语音生成

工具如 Synthesia、HeyGen、D-ID，这些平台可以结合虚拟角色和自然语音生成，制作出极具吸引力的视频内容。

4. 长视频生成短视频

OpusClip 等工具专门设计用于将长视频内容精简成适合社交媒体的短视频。

5. 脚本生成与视频匹配

Invideo AI 等工具可以从脚本出发，自动生成与之匹配的视频内容。

（二）受众群体与需求

1. 专业创作者

利用 AI 生成独特的音乐 MV、短篇电影和动漫，AI 技术大幅降低动画制作的门槛，使得创意表达更加自由和多元。

2. 自媒体与非专业创作者

这些用户通常面临寻找视频素材和版权问题，AI 工具如 Pictory 和 Gamma 可以自动生成视频内容，大大简化制作流程。

3. 企业客户

对于预算有限的小企业或非营利机构，AI 视频生成工具如 Synthesia 和 HeyGen 提供了成本效益极高的视频制作解决方案，用于制作营销视频或培训课程。

（三）备受关注的 AI 视频制作工具

1. Sora：皇冠上的宝石

当地时间 2024 年 2 月 15 日，OpenAI 推出了 Sora 视频生成模型，立即在科技界引发轰动。Sora 不仅提升了视频制作的技术标准，而且重新定义了人们对 AI 视频生成能力的期望。Sora 被誉为视频生成领域的里程碑，Sora 代表了在这一技术演进中的一次质的飞跃。

Sora 的魅力在于它能够生成极其逼真的视频。这些视频不仅展示了精细的视觉细节，例如，清晰的物体纹理和逼真的色彩，还支持复杂的摄像机运动和角色动画。Sora 能生成的视频长度最长可达一分钟，这对短片、广告制作等应用场景来说，提供了更大的创作空间和灵活性。

特别引人注目的是 Sora 在视角转换的能力。它可以实现从特写镜头到全景镜头的无缝转换，同时保持视频中人物或物体的连贯性——这一点在视频生成领域技术中尤为具有挑战性。Sora 不仅在维持画面一致性上表现出色，其视频的整体观看体验也因流畅的过渡和自然的摄像机动态而显著提升。

2. Runway：高端 AI 视频编辑平台

由旧金山的一家创业公司开发的 Runway，以其 Gen-2 模型在 2023 年年初引起业界广泛关注。该工具通过文字或图片输入，可以迅速生成约 4 秒长的视频片段，极大地推动了视频编辑的 AI 化。Runway 强调提供专业级的视频剪辑 AI 体验，并逐步扩展其在图片

AI 领域的应用。支持 PC 端和移动端，为用户提供了不同的试用选项，以适应不同用户的需求。

3. Pika Labs：自由创作的 AI 视频工具

虽然 Pika Labs 在市场上的知名度不如 Runway，但其 Beta 版本的产品允许用户免费且无限次地生成视频，为用户探索 AI 视频创作提供了广阔的平台。Pika Labs 在细节控制和动态效果上表现出色，尤其擅长保持视频主体的动态与背景的静态相结合，创造出具有高水平动态效果的视频。

4. Stable Diffusion + Mov2mov：逐帧重绘技术

作为 Stable Diffusion 的动画插件之一，Mov2mov 通过提取视频的帧，并根据用户的提示词重新绘制每一帧，从而生成新的视频。这种技术虽然在操作上简单直接，但可能会产生较大的视频闪烁，适用于需要快速生成视频内容的场合。

5. Synthesia：企业视频制作的利器

Synthesia 强调无须使用传统的摄影摄像设备，便可制作出具有专业水准的视频。内置多种人物形象并支持多语言配音的功能，这使其成为企业制作培训课程、营销视频和客户服务视频的理想选择，极大地节省了制作成本，缩减制作周期。

6. HeyGen（原 Movio）：个性化内容生成的先锋

HeyGen 提供广泛的广告营销、企业培训、讲解视频等服务。它支持创建个性化的 AI 角色，并生成多语种视频，非常适合全球化营销。推出的视频翻译功能，能够将视频内容翻译成其他语言并匹配口型，这一创新功能为企业开拓国际市场提供了巨大的便利。

7. D-ID：动画化个人历史

D-ID 以其在社交媒体上广受欢迎的"Deep Nostalgia"项目闻名，该项目能够将静态照片转换为动画，使照片中的人物仿佛回到了生活中。此外，D-ID 还推出了与 Microsoft PowerPoint 兼容的 AI 演示者，允许用户在演示中加入虚拟演讲者，增加演示的互动性和吸引力。

在 AI 视频制作技术的世界里，我们正见证着一个充满潜力却也挑战重重的领域。尽管 AI 技术在视频生成上取得了显著进展，但现阶段的实现仍然受限于多种技术难题。AI 生成的视频常常出现质量不稳定的问题，例如，帧与帧之间的闪烁现象，以及动作的扭曲不连贯和细节表现不足等，这些问题凸显了当前技术的局限。

目前的 AI 视频技术虽然在可控性方面有所提高，但与此同时，学习和操作的复杂度也显著增加，这增加了用户的上手成本。对那些渴望利用 AI 技术进行内容创作的个人和企业来说，这些挑战尤为明显。

展望未来，AI 视频制作技术的发展方向充满了无限可能。研究人员正在努力克服现有的挑战，以实现更长时间序列和更高质量的视频生成。此外，渲染复杂的三维虚拟背景、精准模仿人类的微妙运动和肢体语言，以及实现超高分辨率视频生成，都是未来研究的重点。

随着技术的不断进步，我们可以预见一个更加动态和互动的 AI 视频生成未来。这不仅将改变专业影视制作行业，也将深刻影响广告、教育、娱乐等多个领域。AI 技术的增强将使得视频内容的制作更加高效、生动，并且成本更低，让更多的创意和故事得以实现和分享。面对挑战和限制，我们有理由相信，随着研究的深入和技术的完善，AI 将重塑视频制作的艺术和实践，开启全新的创作时代。

第八节　数字人的诞生：真人的数字分身

在数字时代的浪潮中，AI 数字人技术正迅速崛起，成为 AIGC 技术的前沿成果。数字人技术结合了先进的文案处理、语音合成和虚拟形象生成技术，使得这些虚拟人物能够在数字世界中担任多种角色。从客服代表、虚拟偶像到个性化教育导师，AI 数字人为用户带来了前所未有的互动体验。

此外，AI 数字人在直播和视频内容制作领域也显示出巨大的潜力。通过实时渲染和智能语音响应技术，数字人能够实现 24 小时不间断的直播，提供内容分享、娱乐表演甚至实时教学等服务。这不仅可以改变传统媒体和电商行业的运作模式，也为广告和市场营销开辟了新的路径。

一、虚拟数字人的技术架构与路径

（一）总体技术架构

虚拟数字人的技术架构为"五横两纵"，"五横"包括五个核心技术模块：人物生成、人物表达、合成显示、识别感知和分析决策。这些模块共同作用，确保虚拟人物不仅外观逼真，而且能进行复杂的交互和响应。"两纵"是指在人物生成方面，2D 与 3D 两种技术路线共同制作，其中 2D 数字人的制作相对简单，而 3D 数字人则需利用先进的三维建模技术，提供更丰富的视觉和交互体验。

（二）建模技术

在建模技术上，虽然静态扫描目前仍是主流，但动态光场重建技术由于其能一次性捕捉动态人物模型并精确还原光影效果，被视为未来发展的重点。这种技术能够大幅提升数字人的视觉保真度，使其更加生动和真实。

（三）动作生成技术

动作生成技术是虚拟数字人表现力的关键，其中智能合成和动作捕捉是两大主流方法。智能合成能够实现精准的嘴型同步，而动作捕捉技术，特别是光学动作捕捉和惯性动作捕捉，能够精确记录和再现人类的动作。以人工智能为基础的动作捕捉技术也在兴起，这些技术通过分析视频中的动作数据来生成数字人的动作，使得动作生产更加高效和低成本。

（四）渲染技术

虚拟数字人的渲染技术，当前以 Unreal 和 Unity 引擎为主，它们能够提供接近真实的视觉效果和即时反馈，特别是在光照和物理渲染方面的进步，极大地提升了数字人的真实感，有助于克服"恐怖谷效应"。

展望未来，随着 AI 技术的不断突破，数字人的发展将进一步加速。新一代数字人不仅将在外观上与真人难以区分，更将在交互和反应上展现出越来越多的智能化特征。这将彻底改变多个行业，包括娱乐、教育和客户服务等，数字人将扮演越来越重要的角色。此外，随着技术的成熟和普及，数字人的制作成本和技术门槛将进一步降低，这使得更多的创意和应用得以实现。

二、中国目前主流的数字人平台

随着市场对虚拟互动体验的需求日益增加，目前中国市场上已经涌现出数十家开发数字人的品牌，如腾讯、百度、科大讯飞、硅基智能和风平智能等。这些公司不仅推动了技术的创新，也在不断扩展数字人的应用场景，以下笔者将介绍目前国内主流的四款数字人视频与直播的产品，以及它们的技术与应用特点。

（一）百度曦灵

百度推出的"曦灵"数字人平台，作为行业中的新秀，已经展现出其独特的价值和潜力。曦灵平台整合了数字人生产、内容创作、业务配置等服务，致力于为商业用户提供一站式解决方案。

曦灵的数字人直播平台 Lite 版，虽然兼具短视频与直播双重功能，但其短视频生成功能仅限于使用声音文件驱动数字人，且仅能智能生成绿幕视频，此后仍需借助如 Premiere 或 Final Cut Pro 等第三方软件进行抠图与剪辑处理。

尽管如此，曦灵在公用数字人资源的积累上做得相对充分，提供的数字人种类多样，制作质量较为统一。在直播功能方面，曦灵展示出更为成熟的技术，支持插入贴图与商品文案，且能通过集成的百度"文心一言"技术，迅速从大量文本中提炼出有效的客户互动脚本，便捷地根据商品内容生成相应的销售话术，这对于快速部署商业直播和增强用户互动具有重要价值。

（二）硅基智能

硅基智能作为数字人行业的先驱，专注于服务电商与本地生活类客户，提供精细化的解决方案。这家企业独创地将短视频和直播功能分离，形成两条独立的产品线："硅语"和"小播秀"，允许用户根据具体需求选择购买，这一灵活的产品策略极大地增加了其市场的适应性。

由于"硅语"的功能相对简单，下文将重点介绍"小播秀"直播平台。

在用户体验方面，硅基智能的"小播秀"界面直观清晰，功能模块化设计使得操作更为便捷。它提供的丰富的直播模板可实现即插即用，极大简化了直播准备工作。然而，它的高定制性同时也意味着较高的操作复杂度，需要用户有一定的技术背景才能充分发挥其功能。

"小播秀"采用窗口捕获的技术方案，这在某种程度上增加了操作的复杂性，并可能引发直播平台的监管风险。尽管如此，这种方式为直播提供了一定的灵活性，使得用户能够在直播中插入多样的内容和素材，这是其他直播软件难以比拟的优势。

在技术应用方面，硅基智能的"小播秀"特别针对直播功能进行了深度优化，支持高级配置操作，要求用户拥有较高性能的硬件设施。对需要进行高质量直播的专业电商用户来说，硅基智能提供了强大的支持，但对普通用户或小企业来说，则可能因硬件限制而感到门槛较高。

尽管存在一定的使用门槛，但其专业级的直播工具和高质量输出使其成为追求高效直播操作的电商及专业用户的理想选择。随着技术的进一步优化，硅基智能有望在 AI 数字人应用领域继续保持领先地位。

（三）风平智能

风平智能，一家致力于提供高端精品数字人解决方案的企业，已经凭借其创新的技术和服务赢得了众多知名企业和明星艺人的青睐。它们的数字人平台"风平 IP 智造"通过独立的电脑客户端形式，提供了短视频和直播两大核心功能，满足各类企业及专业内容生产者的多样需求。

"风平 IP 智造"的操作界面以其简洁直观著称，用户通过简单的步骤即可快速启动数字人的直播或短视频制作。这一平台特别注重 AI 的创作和交互能力，用户无须复杂的前期准备或深厚的直播经验即可操作，极大地降低了技术门槛。尤其是在直播功能上，"风平 IP 智造"并没有将其局限在特定类型，如带货直播，而是设计了更为通用的功能，以此来应对各种直播场景。

此外，"风平 IP 智造"在 AI 交互方面展现出强大的技术优势。平台内搭建的 AI 文案撰写和改写功能，可以自动生成或优化用户的直播文案，显著提升了内容的质量和互动的效率。更为突出的是，风平智能利用先进的大语言模型，使数字人不仅能回答用户在直播中提出的问题，还能与用户进行自然的闲聊，打破了传统直播的互动界限，增加了直播的趣味性和参与感。

风平智能的 AI 技术不仅限于模仿人类的交互模式，更在智能化程度上不断突破，让数字人能够实时学习并应对各种直播情景。这种技术的应用大大扩展了数字人的功能，使其在不同行业中都能找到应用场景，特别是在需要高频互动和定制内容的行业中显示出一定的潜力。

（四）腾讯智影

腾讯智影的数字人平台，是一款结合了多项前沿 AI 技术的数字人应用，特别擅长语音交互和虚拟形象生成。这一平台广泛应用于媒体播报、教育、会展等行业，提供了实时语音交互和虚拟形象播报两大核心功能，能够根据文本内容快速合成音视频文件。

腾讯智影数字人支持 2D 和 3D 的写实数字人形象，利用腾讯云的技术力量，为用户提供了易于操作的生成界面。依托腾讯的自研能力，用户仅需提供短视频和语音素材，平台就能快速生成与真人相似的数字人形象。腾讯智影的制作成本和时间都具备一定的竞争力，与其他平台相比，仅需千元级别的成本和小时级别的制作时间，显著降低了数字人技术的应用门槛。

此外，腾讯智影不仅提供数字人的播报和交互平台，还通过 API 接口形式，向合作伙伴提供包括产品生产、销售和服务在内的一体化解决方案，支持合作伙伴开发更多适用于特定行业和场景的数字人 SaaS 服务。已有众多合作伙伴借助腾讯智影的平台在医疗、传媒和金融等行业提供专业服务。

随着人工智能的不断进步，数字人不再局限于基本的客服角色，而是扩展到了更广泛的应用领域，如娱乐、教育、医疗和广告等行业。这些虚拟存在正变得越来越写实，能够实现精细的面部表情和自然的人体动作，进而提供更加丰富的互动的用户体验。

中国电商行业和数字媒体行业的高度发达，为虚拟数字人的产业发展提供了沃土。在政策和市场的共同推动下，通过不断创新和整合跨领域技术，中国有望在虚拟数字人领域拥有新的市场机会。

AIGC 技术迅速崛起，在极短的时间里，它已经渗透我们生活的方方面面，无论是商业、生活还是社会其他领域，AIGC 都在为我们创造新的可能性。在这场技术革命中，最令人兴奋的不仅是我们已经实现的成就，更是那些还未被发掘的潜力。随着我们持续探索和实验，生成式 AI 无疑将继续为我们发现更多未知的领域，引领我们去探索更多的可能性。

第二章

企业篇

回顾历史，在探索信息技术的壮丽史诗中，我们见证了一场从宏伟到微小、从集体到个人的革命。这场革命不仅重塑了技术的边界，也重新定义了人类生活的方式。从 20 世纪 70 年代国家层面的星球大战计划，到大学研究机构的大型机，再到商业组织的中型机，最终到达每个家庭、每个个人的微机，这一旅程不仅是技术进步的证明，更是人类对知识连接和创造力追求的体现。

个人计算机革命带来的不仅是技术的普及，更重要的是，它改变了人们获取信息、交流沟通以及工作和生活的方式。软件的发展让个人能够进行文字处理、数据分析、图形设计等活动，而互联网的普及则将这种能力提升到了一个全新的层次，使得全球范围内的即时通信成为可能。

个人电脑的普及催生了软件产业的爆炸性增长，而互联网的发展则开启了数字经济时代。电子商务、社交媒体、在线教育等新兴领域的出现，彻底改变了我们的生活方式和商业模式。

从微信、滴滴打车到企业数字化升级，移动互联网倒逼数字化浪潮，而我们更为熟悉的是最近十年刚刚经历过的智能手机与移动互联网的浪潮，这次浪潮已经深刻改变了我们的生活方式，催生了一系列创新的商业模式，这些模式不仅在个人消费领域造成了革命性的变化，也促进了企业数字化转型的浪潮。

一、移动互联网的初步应用：个人消费领域的革命

随着智能手机的普及，移动互联网迅速成为新的信息传播和服务交付平台。微信、支付宝、美团和滴滴打车等应用凭借其便捷性、实用性和创新性，迅速赢得了广大用户的青睐，它们不仅为用户提供了全新的沟通方式，也大大丰富了人们的生活，从在线支付、即时通信到餐饮外卖、出行服务，移动互联网应用在个人消费领域开辟了诸多新场景。

这些新应用的爆发式增长，不仅是技术进步的体现，更是消费者需求和习惯变化的反映。它们通过提供更加便捷、高效、个性化的服务，满足了用户对生活品质的追求，同时也推动了消费模式的转变，从而对整个社会产生了深远的影响。

二、企业端的挑战与应对：数字化升级的必然选择

随着移动互联网在个人消费领域的深入发展，用户的消费行为和习惯发生了显著变化，这对传统企业来说既是挑战也是机遇。为了适应这种变化，企业不得不重新审视自己的产品、服务和运营流程，寻求新的发展模式。在这个过程中，企业面临的最大挑战之一就是如何利用移动互联网、云计算、大数据等新兴技术，对自己的业务进行数字化改造和升级。这不仅涉及技术的更新换代，更涉及

企业文化、组织结构和业务模式的根本变革。企业需要借助数字化工具和平台，提高业务流程的效率，增强产品和服务的竞争力，从而更好地满足用户的需求。

三、从个人消费端到企业产业端：技术迁移与应用拓展

移动互联网、云计算和大数据等技术最初主要在个人消费端得到广泛应用，但随着技术的成熟和企业数字化需求的增加，这些技术开始逐渐向企业产业端迁移和拓展。在这一过程中，一些先进的企业开始尝试将这些技术应用于生产管理、供应链优化、客户关系管理等领域，通过构建智能化、数字化的运营体系，实现业务流程的优化和效率的提升。这种技术的迁移和应用拓展，不仅帮助企业提高了竞争力，也促进了整个产业链的数字化升级。

随着越来越多的企业加入数字化转型的行列中，一个全新的数字经济时代正在到来。这一时代的特点是数据的价值被充分挖掘，信息流通更加高效，创新能力得到显著提升，经济结构正在发生深刻变化。根据中国国家统计局的数据，到 2023 年为止，数字经济在中国的经济增加值中占比已经超过了 50%，成为推动经济增长与高质量发展的重要力量。

在探索 AIGC 引发的变革与信息化革命和移动互联网数字化浪潮的演变路径时，我们站在了技术革新的新起点上。在这个新起点上，提出好问题可能比给出正确的答案更重要。

AIGC 技术会预示着一个更加深刻和广泛的变革吗？

与之前的技术革命相比，AIGC 的变革之路会呈现出独特的螺旋式上升的发展模式吗？

AIGC 会不会进一步推动这一进程，通过智能化生成的内容，为每个用户提供量身定制的信息和服务，从而实现真正的个性化体验？

AIGC 会不会促进新型增量市场的形成？AIGC 技术会创造全新的消费需求和市场机会，为经济增长注入新的动力吗？

AIGC 将加速企业和行业的创新与变革吗？AIGC 技术的引入，将使企业能够在产品研发、市场营销和客户服务等方面实现更高层次的创新，推动企业运营模式和服务模式的根本性变革吗？

在探索生成式人工智能在商业领域的应用时，我们站在了一个前所未有的临界点上。这是一个充满机遇，但同样遍布挑战的时代。企业和组织正试图揭开 AIGC 的神秘面纱，探索它的潜力以推动创新和增长。然而，这条探索之路并非坦途。它充满了困惑、犹豫和尝试，这些都是革新技术面世时的自然现象。本章旨在深入探讨 AIGC 在企业应用中面临的瓶颈，提供解决方案，以期助力企业跨过这些障碍，拥抱 AIGC 带来的未来。

第一节　从新技术到产业化演变的阶段

在探索新技术如何催生出新市场产业化的旅程中，科技、投资与产业界经过多年的实践和沉淀，已经形成了一个关于技术发展和市场成熟度的共识性模型。这一模型将技术和市场的发展划分为五个阶段：培育、启动、成长、成熟和衰退，如图2-1所示。

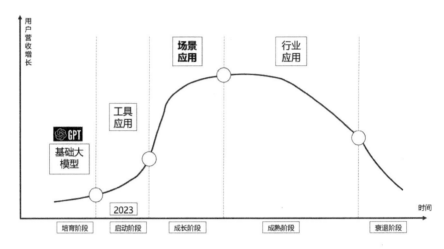

图2-1 AIGC企业市场未来三阶段的需求

本节将以GPT及其后续大模型的生态发展为例，探讨这些阶段如何在实际中得到体现，并预测未来的发展趋势。

一、培育阶段：技术的孵化与初步探索

培育阶段是新技术孕育的初期，通常以技术的基础研究、原型开发为主要特征。在GPT之前，人工智能已经经历了漫长的摸索期，有过数次的高潮与低谷，而GPT仅仅是众多人工智能探索大河中的一条支流。在2023年及之前，科研机构和初创企业在这一时期开始深入研究和开发相关技术，彼时甚至连OpenAI的创始人团队也无法确定这一分支研究的未来。尽管大众对这些技术还不够熟悉，但它们已经在学术界和技术圈内引起了广泛关注。在这一阶段，投资主要流向研发和技术验证，市场对新技术的接受度和应用场景还在摸索之中。

二、启动阶段：技术应用的爆发式增长

随着 2022 年 GPT-3.5 的发布，紧接着各种大模型相继出现，这标志着新技术进入了启动阶段。仅 2023 年第二至第三季度，国内百度"文心一言"、阿里巴巴"通义千问"、科大讯飞"星火"、腾讯"混元"、华为"盘古"、360"智脑"、昆仑万维"天工"、京东"灵犀"、商汤"日日新"等大模型先后登场，截至 2023 年 10 月初，国内公开的 AI 大模型数量已经达到 238 个。与此同时，国内外基于大模型的各种工具应用如雨后春笋般不断涌现。

这一阶段的主要特征是技术应用的爆发式增长，人们开始广泛探索和试验 GPT 技术在不同领域的应用，从内容创作、自动编程到语言翻译等，GPT 技术展现出了惊人的潜能和多样性。这一阶段，新技术开始被更广泛地认知和接受，应用场景从理论走向实践，涌现出大量基于新技术的产品和服务。投资者和企业家纷纷进入这一领域，希望能够抓住早期市场的机遇。技术的潜力开始转化为实际的经济价值，用户和市场对新技术的兴趣迅速升温。

三、成长阶段：场景应用成形与企业市场渗透

随着场景应用的逐渐成形，新技术开始深入企业市场，市场进入了成长阶段。在这一阶段，技术应用不再局限于早期的探索性案例，而是开始在特定的行业场景和领域内形成标准化、模块化的解决方案。企业开始认识到采用新技术的重要性，无论是为了提升效

率、降低成本，还是创造新的业务模式。此时，市场对新技术的需求呈现出快速增长的趋势，技术供应商和服务商也相应增多，竞争开始加剧。

四、成熟阶段：成熟的行业解决方案

随着技术的不断优化和应用的深化，AIGC 技术终于进入成熟阶段。这一阶段的核心特征是成熟的行业解决方案的出现。不同行业和领域的企业开始广泛采用 AIGC 技术，技术供应商提供了一系列成熟、高效、易于集成的解决方案，满足了市场的多样化需求。此时，技术应用已经深入企业的核心业务中，成为推动行业发展和竞争力提升的关键因素。

在这一阶段，由于成熟的行业解决方案广泛存在，技术应用更加标准化、规模化、综合化。企业对技术的依赖达到高峰，技术供应商开始专注于提升服务质量、优化客户体验和降低成本。同时，随着市场的饱和，增长速度开始放缓，行业集中度开始上升。

五、衰退阶段：展望未来与技术更替

每项技术最终都会面临衰退，这一阶段的主要特征是市场饱和和新技术的出现。随着市场对现有技术解决方案的需求减少，以及更先进技术的诞生，原有技术和市场开始逐渐衰退。对企业而言，这是寻找新技术方向、创新产品和服务以适应市场变化的关键时期。虽然每项技术的发展最终都会进入衰退阶段，但对 AIGC 技术而言，

其未来仍充满了变数。

第二节　AIGC 在企业应用市场的现状与问题

虽然业界普遍认为 2024 年是中国 AIGC 应用进入企业的元年，但在 2023 年与诸多大中型央企和国企高层、技术部门负责人以及中小型企业主沟通实践过程中，我们发现绝大多数企业与组织对 AIGC 的应用前景表现出强烈的兴趣，以及引入 AIGC 技术到企业应用场景的倾向。但实际情况是，只有极少数人对于 AIGC 的技术特征与演变路径有所了解，具体来说有以下四方面的现状。

一、AIGC 在企业应用市场的现状

（一）不了解、不熟悉

许多企业对 AIGC 还不够熟悉，不了解其工作原理、应用范围以及它如何能够为业务增加价值。这种不熟悉导致了模糊的态度，因此，许多决策者在是否采用 AIGC 技术上犹豫不决。他们害怕投资一个他们不了解的领域，尤其是在缺乏具体应用场景和明确成功案例的情况下。

（二）个人化应用

与此同时，那些开始尝试应用 AIGC 的企业往往将其应用于较为个人化的用途，如内容创作、用户服务与数据分析等。虽然这些应

用有其价值，但它们往往未能充分利用 AIGC 的潜力来实现业务流程自动化、客户服务创新或产品开发的根本性变革。在这种情况下，企业往往难以进行更大规模的持续投入。

（三）不好用

不少企业即使是在个人端尝试使用 AIGC 工具时，也发现它们"不好用"，如人力资源、财务、市场营销岗位。这不仅是因为技术本身的局限性，更多的是因为缺乏针对特定业务需求定制的解决方案。AIGC 的前景无疑是光明的，但要实现这一前景，需要清晰的应用场景和实施策略。

（四）无从下手

尽管许多企业意识到 AIGC 能为它们带来好处，并且渴望引入这项技术，但它们往往感到无从下手。这种感觉源于对市场上众多工具和平台的不熟悉，以及对如何将 AIGC 集成到现有业务流程中的不确定性。

另外，就 AIGC 现阶段的技术特征来看，企业端应用的发展也存在一定的瓶颈。

二、AIGC 赋能个体，解决点状需求

对个体用户而言，AIGC 技术的应用似乎已经触及了他们的各种需求。无论是创作内容、美化图像还是自动生成代码，AIGC 技术都能提供快速、高效的解决方案。然而，企业的需求远不止于此。企业对于提升工作效能的追求，不仅是完成单一的、碎片化的任务，

更多的是对整个工作流程、团队协作、项目管理等方面的综合优化。这些需求涉及的不仅是技术的应用，更多的是技术与企业场景的深度融合。

与此同时，由于许多大企业普遍提供免费的 AIGC 工具给个人用户使用，这在一定程度上拉低了市场对于付费工具的需求。个体用户可以轻松地获得高质量的内容生成服务而无须支付费用，这无疑增加了 AIGC 技术商业化，尤其是向企业市场推广的难度。在这种背景下，仅仅依靠提供工具层面的服务，显然无法触及企业客户的付费意愿。

三、走向深度融合：AIGC 技术与企业需求的对接

尽管 AIGC 技术在个体应用方面取得了显著的成就，但在企业端的应用却显示出一定的局限性。与信息化、移动互联网和数字化相比，AIGC 在企业端的应用还较为单薄，没有形成一个完整的体系。这主要表现在以下三个方面。

（一）应用场景有限

AIGC 在企业端的应用场景相对有限，多数集中在内容生成的基础任务上，缺乏深入企业核心业务流程和决策支持的应用。

（二）整合能力不足

企业应用 AIGC 技术时，往往面临技术整合和系统兼容性的挑战。AIGC 技术的引入需要与企业现有的 IT 系统和业务流程整合，但往往因技术标准、数据格式等问题造成难以融合。

（三）安全与隐私问题

AIGC 技术的应用涉及大量的数据处理和内容生成，企业对于数据安全和用户隐私的担忧也成了限制其广泛应用的一个重要因素。

为了突破这一局限，AIGC 技术的提供者需要更深入地理解企业的核心需求，从而设计出能够与企业运营深度融合的解决方案。这意味着 AIGC 技术不仅要能够处理碎片化的任务，更要能够整合企业的工作流程与场景，帮助企业提升整体的工作效率和创新能力。

第三节　人+AI 协同进化：AIGC 在企业应用落地的框架

在 AIGC 技术的发展过程中，从单纯作为工具到深入应用于具体业务场景，我们发现了一个显著的断层。这个断层主要体现在，尽管 AI 在信息分析和内容生成方面显示出了惊人的能力，但当面对复杂多变的业务场景时，它的表现往往不尽如人意。这种局面使我们不禁联想到一个渊博的学者，虽然拥有海量知识，但缺乏实际工作经验，不知道如何将理论知识应用到实际情境中。在这种背景下，AI 迫切需要一个"人类导师"进行指导和调教，以便更好地发挥其在特定任务中的潜力。

一、缺失的一环：从工具到特定任务

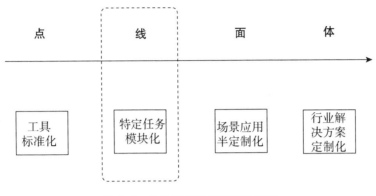

图 2-2 从工具到场景应用的缺环

以下是三个具体的特定任务，展示了企业如何通过一系列系统工具集的紧密配合，指导 AI 完成任务。

（一）电商企业商品效果图生成与营销方案配合

在电商领域，商品效果图的生成、营销方案的匹配、短视频的拍摄以及多语言翻译是提升商品竞争力的关键环节。AIGC 技术可以在这一连串流程中发挥重要作用，但它需要被精准的调教，以确保输出内容的质量和适用性。例如，AI 需要学会根据商品特性和目标市场，生成吸引人的效果图，同时匹配合适的营销文案。此外，AI 还需要能够根据不同国家的文化背景和语言习惯，进行内容的本地化翻译和调整。

也就是说，碎片化的工具无助于完成如此复杂的任务，企业的具体岗位需要的是工具集的组合使用，以完成单个个体无法胜任的工作，或者可以替代多个岗位的协同，提供一种类似端对端的方案。

（二）人力资源培训部门的教材库生成

人力资源部门在培训新员工时，需要大量定制化的教材内容。AIGC 技术可以帮助生成这些教材，但挑战在于如何确保内容的准确性和适用性。这就需要"人类导师"指导 AI，了解不同岗位的培训需求，调整教材内容，使之既能覆盖必要的知识点，又能激发员工的学习兴趣。

（三）营销部门的市场调研

对营销部门而言，进行深入的市场调研是制定有效营销策略的前提。AI 可以处理和分析大量市场数据，但如何提炼出有价值的信息和趋势，则需要"人类导师"的引导。人类专家可以帮助 AI 理解不同数据背后的商业含义，指导其进行更为深入的分析，从而为营销策略的制定提供坚实的数据支持。

二、AIGC 技术应用的核心路径

在 AIGC 的世界里，实现高质量、高效率的输出不仅是技术的挑战，更是一种管理的艺术。AIGC 要想在企业应用中落地，最基本要能完成某一岗位的特定任务，而要能完成特定任务，需要一个精心设计的框架，确保数据从输入到最终输出，每一步都能达到预期的效果。以下是构建这一框架的关键步骤，它们共同构成了 AIGC 技术应用的核心路径，从而确保技术的应用从"能用"走向"好用"，如图 2-3 所示。

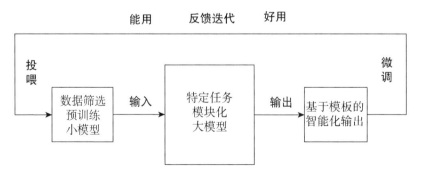

图2-3 针对岗位的特定任务的三个特征

（一）数据源的质量与投喂

一切高质量的 AIGC 输出的基础在于数据源的质量。就像烹饪一道佳肴需要新鲜的食材一样，AIGC 技术的训练和应用也需要高质量的数据源。这包括但不限于行业报告、用户生成内容、企业内部数据等。在这个过程中，关键在于如何筛选、清洗和标注数据，以确保输入模型的数据既准确又具有代表性。此外，数据的投喂也不是一蹴而就的，而是需要持续进行，以反映最新的行业动态和用户需求。

（二）基于工作模板的输出与专家微调

在 AIGC 的应用过程中，基于工作模板的输出是实现可控智能化输出的关键。这些模板是专家多年工作经验的总结和提炼，它们定义了任务的输出范围、格式和标准，确保 AIGC 技术能在一个可控的范围内发挥作用。但技术本身无法完全替代人类的判断，因此，专家的微调变得尤为重要。通过专家的微调，可以确保输出不仅在形式上符合预期，更在内容上精准、合理。

（三）内外部用户的应用反馈与迭代

任何技术的发展和完善都离不开用户的反馈。在 AIGC 技术的应用过程中，收集并分析内外部用户的反馈是不断修正和迭代模型的关键。这些反馈可以帮助技术提供者理解模型在实际应用中的表现，哪些地方做得好，哪些地方还有改进的空间。然后，将这些反馈再次投喂到模型中，不断调整模型的参数，优化输出内容，从而实现模型的自我完善。

（四）从公共大模型到行业或企业小模型

AIGC 技术在企业应用的最终目标是为每个行业甚至每个企业量身定制模型，实现从"能用"到"好用"的转变。这个过程中，公共大模型的作用是为不同行业和企业提供一个共享的、高质量的基础设施。但想要实现精准高效的应用，就需要根据特定行业或企业的需求，逐渐发展出专属的小模型。这些小模型能够更好地理解行业语言，符合企业文化，更精准地满足特定的业务需求。

通过以上框架，我们可以看到，AIGC 技术的应用不再是一个简单的技术操作过程，而是一个涉及数据管理、模板设计、用户反馈和模型定制的综合系统工程。通过这一框架，AIGC 技术可以更好地服务于企业和行业，实现从数据到智能的转变，为企业带来实质性的效率提升和价值创造。这个过程虽然复杂且充满挑战，但正是这些挑战推动了 AIGC 技术的不断进步和完善，最终将引领我们进入一个更加智能化的新时代。

三、构建人+AI 协同进化的框架

随着 AIGC 技术的不断深入应用，我们逐渐认识到，它并非一把开启所有门锁的万能钥匙，而是具有特定擅长的方面和领域。在各种行业和领域中，AIGC 技术的应用呈现出四个共通性的需求，这些需求是构成人与 AI 协同进化框架的基石，引领企业走向更高效、智能的未来。如图 2-4 所示。

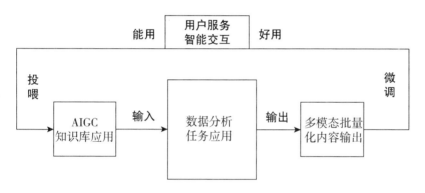

图 2-4　AIGC 企业市场的共通需求

（一）AIGC 知识库应用：激活企业的智慧资产

利用 AIGC 技术对企业多年积累的知识库进行应用，是实现智能化转型的关键。企业的知识库中蕴含着大量的行业经验、业务流程、解决方案等宝贵信息，这些信息是企业的智慧资产。通过 AIGC 技术，我们可以将这些静态的知识"用起来、活起来"，实现知识的动态化管理和应用。无论是通过自动问答系统回答客户咨询或者是训练新员工岗位胜任，还是利用知识图谱推动决策支持，AIGC 技术都能让企业的知识库焕发新的生命力。

（二）多模态批量化的内容输出：提升内容生产效率

随着内容消费的多样化，企业面临着越来越大的压力，需要在短时间内产出大量高质量的多模态内容，包括文本、图片、视频等。AIGC 技术能够在这一需求上发挥重要作用，通过自动化的内容生产，实现批量化、多模态的输出。这不仅大幅提升了内容生产的效率，还能确保内容的一致性和品质，满足不同渠道和平台的需求。在这一过程中，人类专家不仅在 AI 训练初期提供指导，还需要在 AI 应用过程中持续监督和调整，确保 AI 输出的内容符合实际业务需求。

（三）用户服务与智能交互：打造反馈迭代机制

在提供用户服务和智能交互方面，AIGC 技术同样展现出巨大潜力。通过构建智能聊天机器人、虚拟助手、数字人等，企业可以实现 24/7 不间断的客户服务，提高用户满意度和忠诚度。同时，通过收集和分析用户的交互数据，AIGC 技术可以不断学习和优化，实现服务的个性化定制和持续改进。AIGC 技术具备持续学习的能力，通过不断地接受内外部用户的反馈与人类专家的调教，提升其处理复杂任务的能力。

（四）从数据分析到任务应用：解决用数难题

数据是现代企业的重要资产，如何有效利用这些数据，是企业面临的一个重要挑战。AIGC 技术能够帮助企业从海量数据中提取出有价值的信息，支持数据驱动的决策制定。此外，通过将数据分析与具体的任务应用相结合，AIGC 技术可以实现更加精准的业务预测、个性化推荐、自动化营销等，解决企业在数据应用方面的难题。企业还需要建立一个多维度的评估系统，不仅评估 AI 生成内容的准确性和相关性，还要评估其在实际业务场景中的应用效果。

将上述四个模块有机结合，我们可以构建一个人+AI 协同进化的框架。在这个框架中，人的创造力和经验与 AI 的数据处理能力和学习能力相互补充，共同推动企业的智能化转型。通过这种协同，企业不仅能够更好地利用现有的知识资产，提高内容生产的效率，还能通过智能交互和数据分析，不断优化服务和产品，实现持续的创新和发展。通过深入理解和应用 AIGC 技术的共通性需求，构建人+AI 协同进化的框架，企业可以在这个智能时代中占据先机，开创更加广阔的未来。

第四节　企业引入 AIGC 的三循环模型

在当今这个科技迅速发展的时代，企业如何在人工智能的浪潮中乘风破浪，实现持续的业务增长，成为许多企业家和管理者思考的问题。在人+AI 协同工作共同进化的大框架下，企业可以通过引入 AIGC 的三循环模型，实现业务增长、应用落地和人才培养，从而提高企业的竞争力和创新能力。

一、业务增长：AIGC 的驱动引擎与动力

业务增长不仅是企业引入 AIGC 技术的初衷，更是检验成果的最

终标准。在这个循环中，企业通过以下四个步骤来实现业务的增长和进化。

第一步，调教。通过与 AIGC 技术的初步接触和尝试，企业开始理解其潜力和局限，调整和优化 AIGC 技术以适应企业的具体需求。

第二步，协同。企业内部各部门、各层级的员工开始与 AIGC 技术协同工作，通过有效地沟通和配合，提高工作效率和质量。

第三步，赋能。随着 AIGC 技术与企业运营的深度融合，它开始为企业的创新和发展赋能，帮助企业开拓新的业务领域，提升核心竞争力。

第四步，进化。企业不断汲取 AIGC 技术在实际应用中的经验和教训，通过持续的迭代和优化，实现业务模式的创新和运营流程的进化。

二、应用落地：AIGC 的迭代展开

伴随着业务增长的同时，AIGC 技术的应用也需要不断地落地和迭代，这个过程同样分为四个阶段。

第一阶段，工具。最初，AIGC 技术作为辅助工具被引入企业，用于简化和自动化某些重复性高的任务。

第二阶段，任务。随着对 AIGC 技术的深入理解，企业开始将其应用于更加复杂的具体任务中，如产品设计研发、客户服务、市场分析、销售效能提升等。在这一阶段人类专家依然主导工作进程，而 AI 仅扮演辅助提升工作效能的角色。

第三阶段，场景。AIGC 技术的应用逐渐扩展到更为复杂的业务场景中，企业开始探索 AIGC 技术在特定业务流程中的嵌入式的应用。在这一阶段人类专家逐渐让出一些工作的主导权，转而扮演监督者与优化者的角色。

第四阶段，行业。最终，AIGC 技术的应用不仅局限于单个企业，而是开始建立起更新的业务与工作模式，进而影响整个行业，推动行业的智能化转型和升级。

三、人才培养：应用落地与业务增长的保障

在 AIGC 技术的引入和应用过程中，人才的培养是不可或缺的一环。企业的 AIGC 人才需要经历以下四个过程。

首先，敢用。鼓励员工敢于尝试使用 AIGC 的各类工具，克服对新技术的畏惧和不确定性。

其次，会用。通过培训和实践，提升员工对 AIGC 技术的使用技能和理解程度，并开始尝试在一些岗位的特定任务中，替代低价值、重复性的工作。

再次，能用。员工能够熟练地应用 AIGC 技术完成特定工作任务，提高局部的工作效能。

最后，好用。员工不仅能够熟练使用 AIGC 技术，还能根据实际需求，创新性地应用 "AI-Agent"（智能体）等技术，自主开发工作与任务助手，从而创造性地提升工作质量。

通过这三个循环模型的不断运转和优化，企业能够在 AIGC 技术

的支持下实现业务的增长和优化、应用的深入落地，以及人才能力的全面提升。在人类专家的指导下，AIGC 技术能够完成更加复杂的特定任务，而团队的能力也得到了提高，具备了进一步与 AI 融合协同的潜力，显著提高了人效比。这不仅是技术进步的体现，更是企业文化和创新能力的象征，为企业在未来的竞争中赢得了宝贵的优势。

在笔者提出的企业引入 AIGC 三循环模型中，"应用落地"的部分，已经在前文中有过充分论述，即企业 AIGC 应用落地可能遵循以下路径展开。

点：AIGC 工具，相对标准化。

线：基于岗位的特定任务，模块化。要完成特定任务的 AI 替代，需要以下三个模块的相互配合：

- 知识库应用：数据投喂与小模型预训练；
- 多模态批量化内容输出：基于模板的输出与专家微调；
- 用户智能交互：内外部用户的应用反馈与迭代。

面：基于场景和工作流程的嵌入式应用，形成局部智能化的运营闭环，半定制化。

- 数据分析在业务运营中的智能化应用，形成真正易用的数据驱动。

体：基于行业智能化经营的综合解决方案，定制化。

而"人才培养"的部分，将会在第三章中做详细阐述，在接下来的内容中，笔者将与读者探讨 AIGC 如何促进"业务增长"，这其实也是企业家和管理层最为关心的主题。

第五节　AIGC 技术如何促进企业增长

在过去的十年里，笔者有幸主导和参与了多家大型央企和上市公司的数字化建设项目，这些项目旨在通过数字化转型促进企业业务增长。在这一过程中积累的经验和教训，为笔者深入理解 AIGC 技术如何助力企业增长提供了宝贵的经验。

一、企业数字化升级的经验与教训

（一）资源投入分散

在很多企业的数字化转型过程中，一个常见的问题是资源分散，也就是我们所说的"撒胡椒面，摊大饼"。企业往往试图同时在多个领域进行数字化尝试，希望能够全面推进，但这往往导致资源的严重分散，无法在任何一个领域形成足够的深度和优势。

例如，在银行业的数字化建设中，由于其政策强监管、产品线繁杂且更新快、部门层级与业务线多，对数据和系统风险的容忍度低等特点，建设工作面对着一个极其复杂的体系。它不仅涉及多个部门和层级，更包含了从战略制定到运营落地的全方位过程。这一过程囊括了业绩拆解、数据治理、营销策略、场景扩展、活动设计、权益匹配以及渠道扩展等多个环节。尽管银行对此投入了巨大的资源，期待通过数字化转型实现业务增长并形成竞争优势，但现实却往往不尽如人意。

在最初的高投入期，银行期待数字化建设能够迅速带来业务增长，但很快就发现，这种增长并不如预期那样持续。穿透力和持续性的不足，使得业务增长乏力，甚至在一段时间后出现停滞。

另外，在数字化的浪潮中，许多银行都试图通过引入新技术、开发新产品、拓展新渠道来吸引客户，但最终却发现自己不知不觉走入了同质化的竞争中。每家银行都在做相似的事情，提供相似的服务，这不仅使得银行之间的竞争越发激烈，也让客户难以区分不同银行的独特价值。这种同质化的竞争模式，最终使得银行难以在数字化建设中形成真正的竞争优势。

（二）思维固化

新技术带来的转型不仅是技术的变革，更是思维和文化的变革。在实际工作中，经常遇到的问题是部门与老员工的思维相对固化，难以接受和学习新的技术与工具。这种固化的思维模式，成为企业引入新技术转型的一大障碍。从某种意义上说，思维上的障碍要更胜于技术与业务。

（三）决策风险

数字化转型和新技术的应用，往往需要一定的时间才能见效，这个"无回报期"可能给企业带来决策上的风险和压力。特别是在初期，新技术的应用可能还不够成熟，短期内难以直接转化为业务增长。企业需要有长远的眼光，耐心等待技术成熟和业务见效，同时也需要在策略上进行适当的调整，减少决策风险，确保在转型过程中能够持续稳定发展。

（四）难以复制推广

在数字化转型初期，企业往往会选择一个或几个试点区域进行先行尝试。这些试点区域的效果往往比较好，但在推广到更广泛的业务领域时，可能会遇到复制难题。这是因为不同的业务领域有着不同的特点和需求，简单复制试点区域的做法和经验可能不适用。

二、企业引入 AIGC 促进业务增长的建议

根据上述实践的经验教训，我们建议企业在未来引入 AIGC 技术以促进业务增长时，可以参考以下三点建议。

（一）集中优势资源，打歼灭战

在实施 AIGC 项目时，企业应该集中优势资源，选择最有潜力、最贴近企业核心竞争力的领域进行深入开发，实行"打歼灭战"的策略。通过这种方式，企业可以更有效地提高人效比，实现在关键领域的快速突破，从而带动整体业务的增长。

（二）老人老办法，新人新办法

在 AIGC 技术的引入和应用过程中，企业将面临传统方法和新技术之间的冲突。对习惯了传统工作方式的老员工来说，突然转变到全新的技术和方法可能会感到不适应甚至抵触。在这种情况下，企业可以采取"老人老办法，新人新办法"的策略。相较于花大气力

在老员工熟悉的领域中引入新技术，硬性改变他们多年形成的习惯。还不如从一开始就培养新员工使用新技术、新方法的能力。这种策略不仅可以减少内部的抵触情绪，还能在实战中培养出一支新生代的生力军，为企业的长远发展注入新的活力。

（三）选择创新增量业务，绕过组织心智的惯性

在引入 AIGC 技术时，企业往往面临着是否要触及主营业务的选择。直接改造主营业务往往会遇到极大的阻力，不仅因为主营业务的复杂性，更因为组织心智的惯性。在这种情况下，企业应该选择创新增量业务作为 AIGC 技术应用的切入点。通过开展新的业务线或项目，企业可以顺势而为，避免直接触及核心业务带来的风险和阻力。一旦在新增量业务中取得成功，就可以逐步将经验和技术应用到主营业务中，实现整体业务的提升和转型。

其实，新技术引入企业所推动的变革，会遇到种种问题与阻碍，这背后的原因复杂多样，但最根本的问题在于，企业在引入新技术与业务流程场景融合的过程中缺乏一个清晰的、长期的战略视角，过于追求短期效果而忽视了长期的价值积累。

第六节　战略视角：站在未来十年思考今天的市场与业务

在一个关于《塑造未来》的线上沟通会活动中，笔者有幸与凯文·凯利（Kevin Kelly）以及全球众多的思想领袖进行了深入交流。活动中我们共同进行了一个思想实验，探讨了在未来世界，假设人

与 AI 形成了高度协同的工作与业务模式，将会催生哪些有意思的事情。以下是我们共同构想的未来景象。

一、凯文·凯利对未来的畅想

（一）人擅长创造，机器擅长效率

在未来的工作与业务模式中，人类的创造力与机器的高效率将达到前所未有的融合。人类以其无与伦比的想象力和创造性思维，不断提出新的想法、探索未知的可能性，而 AI 机器则以其超凡的计算能力和数据处理能力，快速高效地将这些想法转化为现实。这种融合将极大地提高工作效率和创新速度，开启人类工作与业务的新篇章。

（二）未来在于人与 AI 协作的创造力

未来的工作与业务模式将不再是人类与机器的简单分工，而是基于深度协作的创造力发展。在这种模式下，人类和 AI 将共同参与创造过程，彼此激发灵感，共同解决问题。例如，设计师与 AI 共同完成一件艺术作品，AI 提供大量的设计方案和素材，而设计师则根据自己的审美和经验进行选择和调整，最终创作出既有人类情感又具有 AI 创新的作品。

（三）未来的人提出"好问题"，未来的 AI 给出"好答案"

在人与 AI 协同的未来世界中，提出"好问题"将成为人类最重要的能力之一。在过去，人们往往关注于找到正确的答案，而在未来，如何定义问题、如何提出有价值的问题将变得至关重要。而 AI

的角色，则是根据这些"好问题"给出最优的"好答案"，甚至是人类从未想象过的答案。这种互补的合作模式将极大地拓展人类的认知边界，推动科学、艺术和哲学等领域的进步。

（四）人与 AI 协作将进一步解放"生产力"

未来的人与 AI 协作将不仅提高工作和业务的效率，更重要的是，它将进一步解放人类的"生产力"。在这种协作模式下，机器不仅承担了重复、烦琐的任务，还能够参与到更高层次的创造性工作中。这将使人类有更多的时间和精力去探索、学习和创造，将创造力转化为生产力，推动社会和经济的全面发展。

在这次思想实验中，我们共同展望了一个由人与 AI 协同工作和创造的未来世界。这不仅是一个技术革新的未来，更是一个充满创造力和可能性的未来。在这个未来中，人类与 AI 的深度融合将使我们能够突破现有的限制，探索更广阔的疆域，创造更加美好的生活。

那么，这样的一次思想实验，对我们今天的企业家与管理者来说，会有怎样的启示呢？

二、AI 重塑我们对效率、组织和创新的认识

在当今这个快速变化的时代，未来的商业模式、工作方式甚至是我们对生活的理解都在经历着根本性的转变。人工智能和人类的协同工作，特别是 AIGC 技术的融入，正在重塑我们对效率、组织结构和创新的认识。

（一）人效：内部工作流程重塑与优化

在构建人与 AI 协同的工作模式中，最直接的受益者是企业的内

部工作流程。通过 AI 的引入，复杂的数据分析、烦琐的日常管理和一些重复性高的创意工作可以得到极大的简化和加速。例如，通过 AIGC 技术，企业可以实现报告的自动生成、市场趋势的快速分析和客户需求的即时响应，从而显著提高人效。这不仅是工作效率的提升，更是对员工能力的解放，使他们能够将更多的时间和精力投入更具挑战性和创造性的工作中。

（二）组织：外包、社群、无边界组织

随着 AI 技术的发展和应用，传统的企业组织形式也正在发生变革。外包、社群和无边界组织等新型组织形态可能会大行其道，这些组织形态更加灵活、开放，能够更好地适应快速变化的市场和技术环境。在这种新型组织中，人与 AI 的协同工作成为常态，AI 不仅是企业运营的辅助工具，更是组织成员之一，参与到决策制定、创意产生和项目执行等多个层面的工作中。

（三）创新：如何解放并支持员工的创造力

在人与 AI 协同的工作模式下，创新成为企业持续增长的核心动力。AI 技术的引入，特别是 AIGC 技术，为员工提供了前所未有的创造空间和可能性。企业需要构建支持性的环境和文化，鼓励员工探索新思路、尝试新方法，甚至是挑战现有的业务模式和工作方式。通过人与 AI 的深度融合，企业可以解放并支持员工的创造力，从而不断推动业务的创新和增长。

关于 AIGC 如何促进业务增长，关键在于寻找适合人与 AI 协同的业务，并从战略层面去探索和孵化，而不是仅仅关注眼下的业务需求。

三、中小微企业也可以有春天

在商业世界的传统观念中，企业的成长往往被视为规模的扩大，即企业必须做大做强才能够生存和发展。然而，这种观念对小微企业来说，无疑是一种巨大的挑战。小微企业在资源、资金和人力上的限制，使得它们难以像大型企业那样快速扩张规模。但随着 AIGC 技术的兴起，小微企业的春天似乎已经到来。这种人+AI 协同的工作模式，正在为小微企业打开一扇新的大门，使它们能够在不必做大的情况下做强，从而实现利润增长。

（一）管控性业务增长：小微企业的新机遇

通过 AIGC 技术，小微企业可以实现业务的标准化、流程化和模块化，这种"管控性业务增长"的方式可以在保证质量和效率的基础上，帮助企业实现快速扩张和规模化运营。以往这种高度组织化和系统化的运营模式是大型企业的专属。大型企业依靠庞大的资金和人力资源，建立起复杂的市场研发、品牌营销、供应链、技术和运营体系，通过中层管理者的精细管理来推动企业的成长。然而，对小微企业而言，承担如此庞大的人力成本和管理压力几乎是不可能的任务。它们需要的是一种更为轻盈、高效的运营模式，而 AIGC 技术恰恰为小微企业提供了这样一种可能性。通过 AI 的协助，小微企业可以用较低的成本实现业务流程的自动化、智能化，从而在有限的资源条件下提高运营效率和市场竞争力。

（二）人+AI 协同：打破组织边界

在人+AI 协同的工作模式下，小微企业可以通过智能化工具和平台，实现从客户服务到产品设计、从市场分析到营销推广的全链条智能化管理。这不仅大大降低了企业对人力资源的依赖，也使得小微企业能够更加灵活和迅速地响应市场变化。更重要的是，这种模式打破了传统的组织边界，使得小微企业即使在规模不大的情况下，也能通过高效率和高质量的服务，与大型企业竞争，甚至在某些领域取得领先。

（三）利润增长：小微企业的新方向

随着业务的高效运营和市场竞争力的提升，小微企业可以将更多的精力和资源集中在创新和差异化竞争上。这种转向利润增长的战略，相比于盲目扩张规模，更具可持续性，也更能体现小微企业的灵活性和创造力。通过精细化管理和市场定位，小微企业可以在细分市场中寻找到自己的优势，通过提供高附加值的产品和服务，实现利润的最大化。

在人+AI协同工作模式的助力下，小微企业完全有可能在不做大的情况下做强，通过提高内部工作流程的效率、打破组织边界的限制，以及专注于利润增长的战略，实现业务的可持续发展。

这种人+AI协同的工作模式，不仅为小微企业提供了新的增长机遇，也为整个商业世界带来了新的思考。在未来，成功的企业不一定是规模最大的，而是那些能够最有效利用技术、最灵活应对市场变化、最能激发内部创造力的企业。

四、从大炮巨舰到航母编队

在当今日新月异的商业环境中，大型企业面临的挑战前所未有。

一方面，它们需要保持在规模化生产和成本控制方面的优势；另一方面，它们也必须适应市场对个性化、定制化需求的快速增长。这种矛盾看似难以调和，然而，AIGC 技术的兴起，为大型企业提供了新的解决方案，使它们能够在保持规模的同时实现灵活创新，从而完成从大炮巨舰到航母编队的转型。

（一）智能性业务增长：个性化、定制化、综合化

在过去，大型企业往往依赖规模化生产和成本控制来维持竞争优势，但随着消费者对产品和服务个性化需求的增加，这一模式面临着挑战。AIGC 技术为大型企业提供了一种新的业务增长途径，即通过提供个性化、定制化的产品和服务来实现智能性业务增长。这不仅能够更好地满足消费者的需求，提升用户体验，还能在激烈的市场竞争中脱颖而出。

利用 AIGC 技术，大型企业可以根据消费者的具体需求和偏好，快速生成符合其期望的产品方案和服务内容。这种能力使得大型企业能够在保持生产效率和控制成本的同时，为每位消费者提供独特的使用体验，从而在细分市场中赢得竞争优势。

（二）构建生态系统：让大象灵活跳舞

面对市场细分和变化加速的挑战，大型企业如何实现自身的灵活转型，成为一个亟待解决的问题。一些前瞻性的大型企业已经开始尝试构建生态系统，将自身的平台和资源优势与小微企业的灵活性和创新能力相结合。通过这种合作共赢的模式，大型企业不仅能够拓展自身的业务范围，还能够吸纳外部的创新资源，加速自身的

转型和升级。

例如，一些大型零售企业通过与数以千计的小型供应商和创业品牌合作，构建了一个庞大而灵活的供应链生态系统。这些大型企业利用自身的市场渠道和品牌影响力，帮助小微企业快速成长，而小微企业的创新产品又能够丰富大型企业的产品线，提升消费者满意度，实现互利共赢。

（三）转型之路：从大炮巨舰到航母编队

大型企业的转型之路，实际上是一个从单一的、日益僵化的运营模式向灵活的、开放的生态系统转变的过程。在这个过程中，AIGC 技术发挥了至关重要的作用。通过 AIGC 技术，大型企业不仅能够提高内部的工作效率和创新能力，还能够更好地与外部创新资源对接，实现业务的快速迭代和升级。

在过去，大型企业如同一艘巨大的战舰，以其庞大的规模和强大的火力在市场上独占鳌头。而在未来，大型企业将更像是一个航母编队，不仅拥有强大的核心竞争力，还能够通过与众多小型创新企业的合作，形成灵活多变、应对迅速的商业力量。

通过 AIGC 技术的引入和生态系统的构建，大型企业完全有能力在面对市场变化和消费者需求多样化的挑战时，实现自身的灵活转型和智能增长。这种转型不仅能够帮助大型企业在竞争中保持领先，还能够推动整个行业的创新和进步，为消费者带来更加丰富多彩的产品和服务。在未来的商业世界里，那些能够有效利用 AIGC 技术、勇于构建和融入生态系统的大型企业，将成为真正的行业领导者。

通过对小型企业和大型企业的分析发现，企业如果能够有效地引入 AIGC 技术促进业务增长，极有可能进一步在新时代的竞争中赢得先机，实现持续发展和创新。这一过程需要企业具备前瞻性的战略眼光、灵活的组织结构和开放的创新文化，最终实现人与 AI 协同进化的新局面。

第三章

人才篇

在过去的几年里，中国一、二线城市的"抢人大战"展示了人才对于地区经济发展的重要性。这场大战不仅是城市间的竞争，更是对未来发展潜力的一场角逐。同样，在企业层面，随着 AIGC 等新技术不断涌现，人才无疑成为推动企业未来发展的关键因素。面对未来 10~20 年可能来临的人+AI 协同工作、共同进化的时代，企业在人力资源战略上需要做出前瞻性的规划和调整。

一、未来 10~20 年，企业需要什么样的人才

随着技术的发展和业务模式的变革，未来企业所需的人才类型也将发生重大变化。

首先，跨学科知识背景的人才将变得尤为重要。在人+AI 的工作模式下，不仅需要对人工智能技术有深入了解的技术人才，还需要那些能够将技术应用于具体业务场景，并能够跨界融合多学科知识以创新解决问题的复合型人才。

其次，拥有极强学习能力和适应能力的人才将成为企业的宝贵

资产。技术和市场的快速变化要求员工能够持续学习，快速适应新环境、新技术，以及新的工作方式。

最后，创新能力和团队合作能力也是未来人才必备的素质。在人+AI 协同工作的背景下，如何发挥人的创造力，并与 AI 技术有效协作，成为推动企业持续发展的关键。

二、未来10~20年，企业的组织形态会发生什么样的变化

随着新技术的应用和人才需求的变化，企业的组织形态也将发生深刻变革。

首先，组织结构将变得更加扁平化和灵活。传统的层级制度将被更加开放、动态的团队结构取代，以此快速响应市场变化和技术进步。

其次，远程协作和弹性工作将成为常态。技术的发展使得地理位置的限制逐渐减弱，企业能够汇集全球范围内的优秀人才，共同参与项目和业务的开发。

最后，企业将更加重视构建生态系统。与外部合作伙伴、供应商、客户以及其他利益相关者的紧密合作将成为企业持续创新和成长的重要途径。

三、未来10~20年，企业的业务、组织与人才的关系会是什么样

在未来，企业的业务发展将更加依赖于人才和技术的协同创新。

企业将不再单纯追求规模扩张，而是通过提升业务的智能化水平、优化客户体验来实现差异化竞争和利润增长。这一过程中，企业需要培养和吸引那些能够与 AI 技术紧密协作、共同推动业务创新的人才。组织与人才的关系也将更加紧密、动态。企业需要为员工提供持续学习和成长的机会，鼓励员工探索和实践新技术、新方法。同时，企业也需要倾听员工的声音，构建开放、包容的文化氛围，促进员工的创造力和协作精神发挥。

面对未来 10~20 年人+AI 协同工作、共同进化的时代，企业在人力资源战略上需要进行深度的思考和规划。这不仅关乎企业如何吸引和培养未来所需的人才，更关乎企业如何适应组织形态和业务模式的变化，以及如何构建企业与人才之间互利共赢的新型关系。这些都将是企业在未来竞争中取得成功的关键。

第一节　工业化与信息化时代的人才需求：劳动者与领域专家

在近年来商业变革的浪潮中，数字化转型已成为推动企业持续增长的关键动力，在这一过程中，人才无疑是最宝贵的资源。以中国建设银行为例，通过建行大学这一主阵地，从应届大学毕业生、管培生和青年后备人才中精心选拔并培养出一批优秀员工，这批员工经过持续数年的培训、实践与培养，成为推动企业数字化转型与创新的先锋军。他们不仅为企业开辟了试验田，还激发了整个组织的创新活力，成为推动企业发展的内部"鲇鱼"。在 AIGC 技术逐渐成为商业竞争新高地的今天，企业更需要建设这样的人才库，为未来的创新与竞争做好准备。

一、工业化时代的人才需求

随着社会化大生产的兴起，世界经历了一场前所未有的变革。这一时期的生产模式对人才的需求发生了根本性的转变，流程专业化分工成为生产力提升的关键。这不仅需要大量的熟练劳动者，以保证生产线的高效运转，同时也需要专业细分的专家型人才，以推动技术进步和管理创新。

在工业化时代的初期，随着机械化生产的普及和生产线的出现，熟练劳动者成为企业极为重视的人才资源。他们是工业化生产的基石，通过对机械操作的熟练掌握和对生产流程的精确执行，保证了生产效率的大幅提升和产品质量的稳定性。熟练劳动者通过长时间的实践和经验积累，对生产设备和工艺流程有着深刻的理解，他们的技能和劳动直接关系到企业的生产力水平。

随着工业化进程的加深，生产技术和管理方法变得日益复杂，对人才的要求也从单一的技能操作转变为对专业知识的深入理解和创新能力的拥有。专业细分的专家型人才在这一时期显得尤为重要。无论是工程技术、产品研发，还是企业管理、市场营销，这些领域都迫切需要拥有深厚专业知识和创新思维的人才，来解决生产和经营中遇到的各种复杂问题。

二、信息化与互联网化带来的岗位细分

产品经理与工程师专家岗位案例。

（一）技术进步带来岗位进一步细分

随着社会从工业化时代走向后工业化时代，信息化、互联网和移动互联网的发展给人类生活带来了翻天覆地的变化。这一时代的特点之一是市场竞争的加剧和对用户体验的极致关注，这导致职业岗位的专业细分达到了前所未有的精细程度。在这个背景下，企业为了追求更高的用户满意度，将原本集中在少数人身上的工作任务，细化成了众多具体的岗位，每个岗位都只负责产品开发流程中的一个具体环节。

（二）精细化岗位划分的优势

这种精细化的岗位划分无疑大幅提升了产品的质量和用户体验。产品经理根据市场需求提出创意和想法，产品设计师负责设计功能框架，交互设计师专注于人机交互设计，视觉设计师负责用户界面的美观，前端工程师和后端工程师分别负责页面代码的编写和算法的开发，测试工程师则确保产品的质量。每个环节都有专门的人才负责，确保了产品从概念到实现的每一步都尽可能地完善。

（三）精细化岗位划分带来的挑战

这种精细化划分的工作模式也带来了一系列的挑战，其中最突出的就是岗位协同变得更加困难。在这样一个庞大且复杂的团队中，如何确保各个岗位之间的有效沟通和协作，避免信息孤岛，成为企

业必须面对的问题。此外，每个环节的专业化深入也使得对市场变化的快速反应变得更加困难，每一次调整都需要跨越多个岗位，增加了决策和执行的时间成本。

三、AIGC 带来的岗位整合与重构

随着 AIGC 技术的兴起，我们站在了从工业化、信息化、互联网化与数字化走向智能化的新起点。

我们继续探讨产品经理和工程师岗位细分的案例，想象这样一个场景：用户面前只有一个对话框，他们通过简单的输入就能够获得自己所需的页面和服务。这不仅是技术进步的象征，更是对现有企业运营模式的挑战。这个场景虽然不会迅速成为现实，但它引发了一个关键的问题：在 AIGC 技术的影响下，企业是否还需要那么多细分的岗位和复杂的协同与流程？

（一）简化的用户界面与交互

在 AIGC 技术支持下，用户界面和交互方式将变得前所未有的简洁。用户不再需要在复杂的菜单和页面中迷失，只需向 AI 描述自己的需求，AI 即可快速生成满足需求的内容和界面。这种变化意味着未来的产品设计不再仅仅关注视觉美感和用户体验，更要关注如何更有效地利用 AI 技术理解和满足用户需求。

（二）企业岗位的重构

随着用户界面和交互的简化，企业内部对于产品经理、设计师、前端工程师等岗位的需求可能会发生变化。在 AIGC 技术的帮助下，

一些设计和开发流程可以被自动化完成，这可能会减少对传统岗位的需求。然而，这并不意味着这些岗位会消失，而是他们的工作内容和重点可能会发生转变。例如，产品经理和设计师可能需要更多地关注如何提高 AI 的理解能力和创造力，而不仅仅是传统意义上的产品设计和用户体验。

（三）重新思考企业协同与流程

AIGC 技术的引入，也促使企业需要重新思考内部的协同和流程。在 AIGC 技术支持下，许多工作流程可以被优化和自动化，这对企业来说既是机遇也是挑战。企业需要思考如何在这个新技术的背景下，优化用户界面和交互方式，调整内部岗位设置，以及重新设计协同流程。

那么，在智能化的未来社会，到底需要什么人才？他们的角色、能力以及价值将会如何被定义？

第二节　智能化时代的人才需求：创造者与协同者

在智能化时代的浪潮中，人才的定义和需求正在经历着翻天覆地的变化。这个时代不仅要求人们拥有传统的技能和知识，更要求他们能够与 AI 技术高效协作，创造出前所未有的价值。人才可以根据其与 AI 的关系分为三种角色：创造者、协同者与被取代者。笔者将深入探讨这三种角色，以及在智能化时代企业和个人如何适应这一变革。

一、创造者：成为 AI 的导师

在智能化时代的浪潮中，创造者成为时代的领航者。他们不仅继承了工业化时代"熟练劳动者"和"细分领域专家"的精髓，更在这两种角色之上，与 AI 技术建立起了一种类似导师与助手的密切关系。电影《钢铁侠》中，托尼·史塔克与他的 AI 助手贾维斯之间的互动，是创造者与 AI 合作模式的一个生动展现。这种合作模式不仅是科幻电影的情节，而且是智能化时代人才与技术关系的真实写照。

（一）创造者的角色定位

创造者在智能化时代的角色，远远超越了传统意义上的劳动者和专家。他们是技术创新的先驱，通过与 AI 的紧密合作，推动社会进步和技术革新。在这个过程中，创造者与 AI 之间的关系不是简单的主从关系，而更像是导师与学生的关系。创造者提出问题和挑战，AI 则在创造者的引导下寻找答案和解决方案。

（二）创造者的能力特征

在智能化时代，创造者需要具备以下四个核心能力。

首先，跨学科知识。创造者需要有广泛的知识面，不仅局限于自己的专业领域，还需要对 AI 技术和其他相关学科有深入的理解和掌握，以便能够在多领域之间进行有效的沟通和创新。

其次，创新思维。面对快速发展的技术和不断变化的市场需求，创造者需要具备创新思维，能够不断地提出新的想法和解决方案，引领技术和社会的发展。

再次，问题解决能力。创造者需要有强大的问题解决能力，能够准确地识别问题，并利用 AI 技术寻找最佳的解决方案。

最后，指导 AI。创造者不仅是技术的使用者，更是技术的创新者和引领者。他们需要指导 AI 完成更加复杂和创新的任务，推动 AI 技术的进步和应用。

（三）创造者的社会价值

在智能化时代，创造者的社会价值不可估量。他们通过与 AI 的合作，不仅能够极大地提高生产效率和创新速度，还能够解决许多传统方法难以解决的问题，为社会带来巨大的进步。创造者在推动技术革新的同时，也在塑造未来社会的面貌，他们的工作和创新将深刻影响未来几代人的生活方式和思维方式。

在理论物理学领域，一百年以来一直面临着诸多难以突破的理论难题。然而，随着 AI 技术的应用，创造者们开始与 AI 合作，对复杂的物理问题进行深入分析和研究。AI 强大的计算能力和数据分析能力，使得物理学家能够处理大量的数据，为发现新的物理规律提供可能性，推动理论物理学的突破。

在分子生物学和医学领域，创造者们利用 AI 技术进行药物研发和疾病研究，极大地加速了新药的发现，推动了疾病治疗方法的创新。AI 技术在分析复杂的生物信息，模拟药物分子与生物分子的相互作用等方面显示出了巨大的潜力。这不仅提高了药物研发的效率，还为精准医疗和个性化治疗提供了可能。

在过去，芯片设计是一个复杂且耗时的过程，需要大量的人力、物力投入。设计师们需要对芯片的每一个细节进行精细的规划和调整，以确保最终产品的性能和可靠性。然而，随着技术的不断进步和应用需求的日益增长，芯片设计的复杂度也在不断提升。通过利用AI算法，设计团队可以自动化执行许多设计和优化任务，极大地提高了设计效率。AI可以在短时间内分析大量数据，快速识别最优的设计方案，降低了人为错误的可能性，同时也减少了设计过程中的时间和成本消耗。

二、协同者：与AI融合并肩作战的伙伴

在智能化时代的浪潮中，协同者作为与AI融合并肩作战的伙伴，发挥着至关重要的作用。他们与AI的合作模式区别于传统的人机交互，形成了一种更加深入的协作关系，共同推动任务的完成。这种独特的合作模式，不仅极大地提升了工作效率，还为解决复杂问题提供了新的思路。以下是对协同者角色的深入探讨，包括他们的角色定位、能力特征以及在社会中的价值。

（一）协同者的角色定位

协同者在智能化时代扮演着桥梁的角色，连接人类智慧与AI技术。他们不是简单地把AI作为工具，而是与AI建立起一种互补协作的关系。在这种模式下，AI承担了数据分析、信息收集等重复性或计算密集型的工作，而协同者则负责基于AI提供的数据和分析结果做出决策、进行创意思考和执行人际沟通等任务。这种合作关系使得协同者能够更好地发挥人类的创造力和直觉，同时利用AI的计

算能力和数据处理能力，共同完成更加复杂和高质量的工作。

（二）协同者的能力特征

1. 跨领域知识

协同者需要具备跨领域的知识背景，以便于与 AI 在不同的任务和场景中有效协作。

2. 数据驱动的决策能力

在与 AI 的合作中，协同者需要能够理解和分析 AI 提供的数据和建议，做出合理的决策。

3. 创意思考

协同者需要具备创意思考的能力，能够在 AI 的辅助下，提出创新的想法和解决方案。

4. 沟通与协调

良好的沟通和协调能力对协同者至关重要，他们需要能够有效地与 AI 以及团队中的其他成员进行交流和合作。

（三）协同者的社会价值

协同者在智能化时代的社会价值不容小觑。他们与 AI 紧密合作，不仅提高了工作效率和质量，还推动了创新的发展。在医疗、金融、教育等领域，协同者与 AI 的合作已经开始展现出巨大的潜力，从精准医疗到个性化教育，协同者正帮助社会解决一系列复杂问题，提高人们的生活质量。此外，协同者还促进了人机合作模式的创新，为未来工作方式的变革提供了新的思路和可能。

三、被取代者：挑战与机遇并存

在未来的无人驾驶汽车场景中，用户通过语音互动指定目的地，系统自动呼叫最近的无人驾驶车辆，在完成整个旅程的过程中，用户可自由浏览新闻或听音乐，直至安全到达目的地并自动完成支付。如此顺畅的体验和场景，其实今天的滴滴打车已经完全实现了，在这里谁被取代了呢？显然指向了司机这一职业角色。如果技术与成本达到了临界点，真人的司机服务会变成需要额外付费的"奢侈服务"。同样的情况也发生在快递员、快餐店员等职业上，随着技术的发展和成本的降低，人工服务正在逐步向"奢侈服务"转变。

（一）被取代者的转型

在智能化时代的浪潮中，被取代者面临着转型或淘汰的现实挑战。这些挑战虽然令人担忧，但同时也为个人和企业带来了转型和升级的重要机遇。随着 AI 技术的不断进步和应用扩展，一系列传统的、重复性高的工作岗位正在逐渐被 AI 取代。然而，这一变化不仅意味着某些角色的消失，更是一个适应和成长的过程。这一过程同时为被取代者提供了转型的契机，通过学习新技能、掌握新知识，他们可以转向更具创造性、更加符合未来发展趋势的工作领域。这不仅要求个人对未来职业发展趋势有清晰的认识，还要求企业和社会提供相应的支持和培训机会。

（二）不被取代者的情形

尽管 AI 技术日益发展，但仍有一些情形下人类工作者是不可或缺的。一方面，极为复杂的工作内容，需要人类的直观判断、丰富经验和创造性思维，这些是 AI 目前难以完全替代的。另一方面，小众应用场景难以规模化运用 AI 技术，或者技术实现的难度高、经济性不佳，也是人类工作者不易被取代的原因。

智能化时代为被取代者带来了转型的挑战，同时也提供了成长的机遇。通过积极适应技术变革、主动学习新技能和培养创造性思维，个人可以在智能化时代中找到新的定位和价值。对企业和社会而言，提供适应智能化时代转型所需的支持和培训，将是促进所有人才共同成长、共创未来的关键。在这个过程中，每个人都有机会成为创新与变革的参与者，共同塑造一个更加智能、高效和人性化的社会。

第三节 创造者与协同者的能力模型

在未来智能化社会中，随着技术的飞速发展和社会的深刻变革，创造者和协同者的角色日益凸显，成为推动创新和进步的核心力量。为了有效担当这一角色，他们需要具备一系列独特的能力，这些能力构成了未来智能化社会中创造者和协同者的能力模型。

这一模型可以从三个维度来探讨：为什么创造（WHY），创造什么（WHAT），如何创造（HOW）。

一、为什么创造（WHY）

在未来智能化社会的蓝图中，创造者和协同者肩负着推动创新和进步的重任。他们的行动和思考不仅是技术追求的展现，更是对社会责任和人类未来的深思熟虑。但究竟是什么驱动他们不断前行、突破界限，创造出改变世界的新技术和新产品呢？答案隐藏在他们的内心深处：同理心、使命感和创造力。

（一）同理心：创新的情感基石

在未来社会，同理心不仅是情感上的共鸣，它更是一种深刻的理解和关注。对创造者和协同者而言，同理心是他们设计每一项技术、每一款产品的出发点。它使他们能够站在用户的角度，深刻理解人类的需求和情感，从而驱动他们进行有意义的创新。同理心是连接技术与人类的桥梁，它让创新不仅仅是冷冰冰的科技进步，而是能够温暖人心、解决实际问题的解决方案。

（二）使命感：技术的社会价值

强烈的使命感是推动创造者和协同者不懈努力的内在动力。他们深知技术的发展不仅是为了追求更高的性能或更大的利润，更重要的是服务于社会，解决实际问题，改善人类的生活条件。这种对社会责任的深刻认识，让他们在创新的道路上始终坚持正确的方向，致力于开发那些真正有益于社会，能够解决人类痛点的技术和产品。使命感让他们的工作充满了意义，也为他们的创新之路指明了方向。

（三）创造力：超越现有界限

创造力是创造者和协同者最宝贵的核心素质。它赋予他们超越现有技术和框架限制的能力，不断探索未知，挑战不可能。在智能化社会，技术日新月异，只有不断创新，才能保持领先。创造力让创造者和协同者能够构想出全新的概念、方法和产品，不仅解决了当前的问题，更为未来铺设了无限的可能。它是推动科技进步和社会发展的不竭动力，是将梦想转化为现实的魔法。

在未来智能化社会中，创造者和协同者通过他们的同理心、使命感和创造力，不断推动科技创新和社会进步。这三个核心能力不仅定义了他们为什么创造，更指引着他们创造一个怎样的未来。

二、创造什么（WHAT）

在未来智能化社会的画卷中，创造者和协同者肩负着推动科技创新与社会进步的重大使命。他们所创造的不仅是技术产品，更是连接技术、人类需求与商业模式的桥梁。深入探索"创造什么？"（WHAT）这一问题，我们可以发现，设计力、架构力和建模力是他们创造过程中不可或缺的三大关键能力。

（一）设计力：美观与实用的完美融合

设计能力远远超越了简单的外观美化，它是深入理解用户需求、技术可能性和商业模式并将它们融合在一起的能力。在未来智能化社会中，设计不仅关乎产品的外观，更关乎如何提供一种解决方案，让用户的体验更加流畅、自然。创造者和协同者通过强大的设计力，能够突破传统的界限，设计出既美观又实用，且能够触动人心的产品和服务。这种设计不仅满足了用户的现实需求，更引领了用户的潜在需求，开创了新的市场和商业机会。

（二）架构力：构建清晰高效的系统

在复杂的系统和产品的开发过程中，强大的架构力显得尤为重要。它不仅关乎技术的选择和应用，更关乎如何构建一个清晰、高效、可扩展的系统架构。这种能力使创造者和协同者能够在技术创新和产品迭代的过程中，确保系统的稳定性和可持续发展性。通过有效的架构设计，他们能够最大化地利用技术的潜力，提升系统的性能，降低维护成本，为用户提供更加优质的服务。

（三）建模力：预测与模拟现实世界

建模力是创造者和协同者理解和抽象现实世界问题的基本能力。通过构建模型，他们能够预测和模拟可能的解决方案，为科学研究和技术创新提供坚实的基础。这种能力使他们能够在理论和实践之间架起桥梁，通过模型的验证和迭代，逐步接近最优解。建模力不仅加速了创新的过程，还提高了创新的准确性和可靠性，使复杂问题的解决变得更加高效和科学。

在未来智能化社会中，创造者和协同者通过他们的设计力、架构力和建模力，不断推动科技的边界向前延伸，创造出更多既美观又实用的产品和解决方案，极大地丰富了人类的生活和工作方式。这三大能力是他们创新实践的基石，不仅体现了他们对技术和市场的深刻理解，更展现了他们对未来社会的美好愿景和不懈追求。

三、如何创造（HOW）

在未来智能化社会的实践中，如何创造成为每一个创新者心中的关键问题。在这个技术飞速发展的时代，单打独斗已不再是成功的代名词。相反，协同力、迭代力和进化力成为推动创新前行的三大引擎。

（一）协同力：跨界合作的艺术

在未来社会，协同力是创新的关键。这不仅是一种团队协作的能力，更是一种在跨学科、跨领域团队中有效沟通和合作的艺术。它要求创新者们跨出自己的舒适区，拥抱不同领域的知识和观点，共同探索和解决问题。通过这种跨界合作，创新项目能够集合多方智慧，从而提出更全面、更深刻的解决方案。这种协同不仅增强了项目的创新性，也加速了创新的进程，使得伟大的创新成果能够在团队的共同努力下诞生。

（二）迭代力：持续进化的动力

迭代力是创新过程中的另一项关键能力。在这个快速变化的时代，创新者必须拥有在不断试错和反馈中快速学习和适应的能力。这种能力使得创新项目能够持续进化，不断接近最优解。迭代过程中的每一次失败都是宝贵的学习机会，每一次反馈都是向前迈进一步。通过快速迭代，创新者能够及时调整方向，灵活应对挑战，确保项目始终在正确的轨道上前进。

（三）进化力：自我更新的能力

进化力是指在长期的创新实践中，不断积累经验、吸收新知、更新观念的能力。这是一种保持自身能力和思想持续进化的能力，对创新者来说至关重要。在智能化社会，技术和知识更新迅速，唯有不断学习和进化，创新者才能保持自己的竞争力。进化力不仅关乎技术和知识的更新，更关乎思维方式和观念的转变。通过不断的学习和实践，创新者能够拓宽自己的视野，提高自己的创新能力，从而在创新的道路上走得更远。

在未来智能化社会，创造不仅是技术的堆砌和知识的积累，更是一种跨学科合作、快速迭代和持续进化的过程。协同力、迭代力和进化力构成了创新者的三大核心能力，是推动创新持续前行的关键。通过培养这些能力，创新者能够在智能化社会的浪潮中乘风破浪，引领科技创新和社会进步，共同创造出一个更加美好的未来。

第四节　AIGC 赋能组织：无边界世界的新法则

国际知名人力资源咨询公司德勤发布了《2023 年全球人力资本趋势》，其报告标题为《无边界世界的新法则》，本节也借用这一标题，以下是其报告引用的内容。

无边界世界的新法则

在过去的一个世纪里，我们一直被一种机械的工作观念支配。我们假定工作是固定的、可重复的，能够轻易地被拆分成离散的任务，并据此划分工作岗位。工作转型的重点是成本和效益——如何通过更快、更有效的方法来实现目标。但近年来，企业和员工面临着比以往任何时候都更为严峻的停顿和混乱，让这种传统的工作观念受到了前所未有的挑战。

边界曾经被认为是打造工作秩序的基础——工作可以被组织成明确定义的过程；岗位可以被分类并完全涵盖在组织中；办公只发生在工作场所的四壁之内；组织以股东为中心做决策。然而边界正在消失。对组织来说，这意味着他们将要到达一个新的领域，他们失去了那些保证秩序的传统边界，并且经过探索、试点和创新的机会去定义新的规则。同样，对员工来说，与组织接触的规则正在发生变化，敞开了员工与组织进一步合作并共同创造价值的大门。①

创造，并进行重新构想。它要求组织和员工考虑计划所带来的影响，尤其是优先考虑对人的影响，以人性化的角度来制定战略——做到以人为本，发挥人的主观能动性。

在无边界的世界中，企业应该激发组织和员工的好奇心，把每一项决策都看作是一次实验，才能提升效能并激发出新见解。差异化和成功不是来自在一开始就坚信自己拥有正确的解决方案，而应该勇于挑战权威、保持谦逊和通情达理、并从新的信息中学习，以持续完善现有方案。②

在报告中，德勤不仅多次强调了组织面临"无边界"的趋势，

---

① 无边界世界的新法则：德勤 2023 年全球人力资本趋势［EB/OL］. 道客巴巴，2023-11-02.
② 无边界世界的新法则：德勤 2023 年全球人力资本趋势［EB/OL］. 道客巴巴，2023-11-02.

并且还提出了一个有趣的观点。

> 岗位走向终结。划分工作与工作之间的界限、划分任务类型、以狭窄的角色和职责范围定义员工，这些因素都限制了组织的创新和敏捷性发展。许多公司正在尝试用技能而非岗位作为劳动力决策的基础。当员工从岗位中被解放出来，员工就能更好地发挥出他们的能力、经验和兴趣，以促进组织和员工的发展。①

在笔者涉入管理学之初，"以人为本"在管理理论中被广为提及，但随着实践的不断深入，笔者逐渐意识到，尽管"以人为本"是许多企业口中的金科玉律，但在传统的人力资源管理体系中，实际操作往往是以岗位为核心，通过划分工作和任务类型、设定狭窄的角色和职责范围来实现管理。从岗位分析出发，构建起招聘、培训、薪酬、绩效和发展等一系列管理模块，这种做法虽然简化了管理流程，建立起以绩效为核心的传导体系，以保证从战略到执行的落地，却往往忽视了员工的个性化需求和潜能发展，限制了员工的创造力和主动性。

在传统企业结构中，严格的上下级关系和层级制度导致决策过程缓慢、信息流通受阻。这种以岗位为基准的管理体系，虽然保证了工作的有序进行，在稳定的市场环境中能够有效运作，但同时也

---

① 无边界世界的新法则：德勤 2023 年全球人力资本趋势［EB/OL］. 道客巴巴，2023-11-02.

制约了组织的创新能力和敏捷性，在今天快速变化的市场中，它已经显得力不从心。

随着技术的飞速发展和市场需求的不断变化，企业开始意识到要想在激烈的竞争中保持优势，就必须打破传统的人力资源管理模式，实现管理理念和实践的革新。越来越多的公司开始尝试"以技能而非岗位"作为劳动力决策的基础。这一转变不仅为组织带来了新的活力，也为员工提供了更广阔的发展空间。

一、人与 AIGC 的协同工作模式

随着 AIGC 技术的进步，人与 AIGC 的协同工作模式可能成为企业的新常态。在这种模式下，团队可以根据项目需求快速组建和解散，实现跨部门、跨领域的合作。这种灵活的协作方式不仅提高了工作效率，还加强了团队成员之间的沟通和协作。通过人与 AIGC 的紧密合作，企业能够快速地响应市场变化，抓住新的商业机会，从而在竞争激烈的市场中保持领先地位。

二、领导者角色的转变

在扁平化和灵活的组织结构中，领导者的角色经历了根本性的变化。领导者不再是传统意义上的指令下达者和决策控制者，而变成了协调者和促进者。他们的主要职责是激发团队的潜力和创造力，通过提供指导和资源支持，帮助团队成员发挥最大的能力。在人与 AIGC 协同工作的新模式下，领导者需要具备开放的思维，能够接受

和利用新技术，同时也需要具备强大的沟通和协调能力，以促进团队内部的合作和创新。

三、远程协作：打破地理界限

随着 AIGC 技术的进步，远程协作可能成为企业日常运营的一部分。新冠疫情期间，表明员工无须受地理位置限制，能在任何地点参与到工作中。通过高效的在线通信工具和协作平台，团队成员可以实时交流、分享文件，进行项目管理，就像身处同一办公室一样。这种灵活性不仅提高了工作效率，还为企业打开了新的全球化人才的大门，使得组建一个多元化、跨文化的团队成为可能。

四、弹性工作：个性化的工作方式

弹性工作制度的推广，进一步加强了工作的个性化和自主性。员工可以根据自己的工作习惯和生活安排，灵活选择工作时间和地点，从而达到工作与生活的最佳平衡。这种个性化的工作方式不仅增强了员工的工作满意度和忠诚度，也促进了员工的创造力和生产力。在弹性工作制度下，工作成果和效率成为评价员工表现的主要标准，而非传统的出勤率和工时。

五、构建企业生态系统

在未来的商业版图上，AIGC 技术正在塑造一种全新的企业形态——开放和动态的生态系统。在这个生态系统中，企业不再是孤岛，而是生态中的一个活跃节点，与合作伙伴、供应商、客户及其他利益相关者紧密相连，共同在创新的海洋中航行。

构建企业生态系统的另一个重要优势是提高企业的适应性和竞争力。在不断变化的市场环境中，企业需要快速适应新的挑战和机遇。AIGC 技术使得企业能够实时分析市场趋势和消费者需求，及时调整战略和产品。同时，通过与生态系统中的合作伙伴紧密合作，企业可以共同应对风险，共享成功，从而增强整个生态系统的抗压能力和竞争力。

无边界世界的新法则，不仅是对过去一个世纪以来工作观念的挑战，也是对未来工作和组织结构的探索。传统的工作观念，以其刚性的岗位定义和层级结构，已不再适应快速变化的市场需求和技术进步。边界的消失意味着工作的本质、组织的决策中心以及办公的空间概念正在发生根本性的变化。

随着技术的发展，尤其是 AIGC 技术的进步，企业有了重新构思工作和组织结构的机会。未来的工作和组织结构将更加注重人的主观能动性和创造力，以技能而非岗位作为劳动力决策的基础，真正促进组织和员工的共同发展。未来的企业将不再是封闭的系统，而是一个开放和动态的生态系统。在这个生态系统中，通过共享资源、信息和技术，企业可以更有效地应对市场的不确定性，同时也为持续创新和成长提供了强大的动力。

第五节　激发员工的自主性：共创新型关系

一、构建 AIGC 人才库的紧迫性

智能化技术的广泛应用为企业带来了前所未有的机遇，同时也带来了挑战，技术的快速发展要求企业和人才不断适应新的变化，持续更新自己的知识和技能。这种快速的变化可能会给一些企业和员工带来压力，但对那些能够快速适应和把握机遇的企业和人才来说，未来充满了无限可能。企业需要一支既懂技术又通商业的人才队伍，他们能够在 AIGC 的浪潮中驾驭技术，推动企业创新。

从企业战略决策层到各级管理者，从关键岗位的核心人才到青年后备人才，校园招聘、管培生项目，企业需建立一个覆盖人才生命周期的培养和储备机制，确保企业在技术和业务双轮驱动下持续前进，如图 3-1 所示。

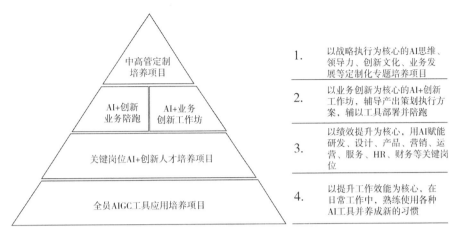

图 3-1 AIGC 企业人才库建设

二、全员 AIGC 工具应用培养：以提升工作效能为核心①

在 AIGC 技术日益普及的今天，企业需全面提升员工对这些工具的应用能力，以提高整体工作效率。通过定期的培训和实践，员工能够熟练掌握 AIGC 技术，将其应用到日常工作中，从而在效率和创新上为企业带来质的飞跃。以下是全员 AIGC 工具培养的具体内容。

（一）解锁 AI 对话力

1. 大模型的正确打开方式。

2. 三大语言模型应用。

3. 有效提问 VS 无效提问。

4. 提示词调优技巧。

5. 国内外 AI 工具概览。

---

① 部分内容摘自厦门湃青年《AIGC 企业解决方案》。

（二）解锁 AI 文案力

1. AI 创意生成活动策划方案。

2. AI 指导述职和晋升报告。

3. AI 高效生成演讲发言稿。

4. AI 快速写纪要和邮件。

5. AI 快速写作长文案。

6. AI 快速生成调研报告。

7. AI 萃取文档资料要点。

（三）解锁 AI 表现力

1. AI 生成主题 PPT 大纲。

2. AI 辅助生成内容。

3. 巧用代码生成 PPT。

4. PPT 模板选择和修改。

5. 批量换配色和排版。

6. AI 生成 PPT 高级感的配图。

（四）解锁数据力

1. AI 数据分析工具。

2. AI 快速计算销售数据。

3. AI 综合判断市场趋势。

4. AI 辅助数据分析发现问题。

5. AI 辅助数据分析总结规律。

6. AI 洞察数据驱动业务决策。

7. AI 生成可视化图表。

（五）解锁 AI 设计力

1. AI 魔法设计工具（MJ）。

2. AI 提供绘图关键词。

3. AI 文章海报图和轮播图。

4. AI 生成 Logo。

5. 图生图。

6. AI 辅助专业设计（如产品图）。

7. 旧素材翻新。

（六）解锁 AI 视频能力

1. AI 找优质选题。

2. AI 生成视频大纲脚本。

3. AI 数字人产品口播视频。

4. 快速生成电商产品主图视频。

5. 快速制作项目宣传片。

6. 快速制作活动快闪视频。

三、关键岗位①

关键岗位的员工直接影响企业的核心竞争力。对这部分人才，企业需制订针对性的培养计划，让他们能够深入理解并运用 AIGC 技

---

① 部分内容摘自厦门湃青年《AIGC 企业解决方案》与广州云耕公社《AIGC 企业解决方案》。

术解决特定的业务问题。用 AI 赋能研发、设计、产品、营销、运营、服务、HR、财务等关键岗位。通过实战项目和挑战，他们在关键领域成为企业技术和业务应用的先锋。

（一）人力资源管理模块

以 AI 为工具底座提高人力资源的 14 大场景问题，融入和创新 HR 的工作方法。

1. 招聘和薪酬

（1）AI 辅助招聘计划制订。

（2）AI 辅助岗位 JD 撰写。

（3）AI 辅助招聘广告撰写。

（4）AI 辅助面试题库和答案生成。

（5）AI 辅助 Offer 模板设计。

（6）AI 辅助裁员场景处理。

（7）AI 辅助薪酬方案设计。

（8）AI 辅助员工数据分析和发现问题。

2. 企业文化

（1）AI 辅助企业文化设计和优化。

（2）AI 辅助企业文化落地应用。

（3）AI 辅助员工团建场景。

3. 绩效管理

（1）AI 辅助绩效目标设定。

（2）AI 辅助绩效分析。

（3）AI 辅助人效分析提升组织效能。

（二）企业各个关键岗位的 AIGC 应用场景分析

1. 产品研发

（1）CodeX 生成软件代码文档。

（2）研发文档、知识库检索与知识问答。

（3）产品文档、知识库检索与知识问答。

2. 产品设计

（1）DALL. E 文生图。

（2）生成产品设计方案。

（3）设计辅助。

3. 生产制造

（1）供应链管理，跟踪物料物流。

（2）生产计划，ERP、MES、PLM 集成。

（3）数据挖掘，生成基于数据的预测结果。

（4）质量分析和溯源助理。

（5）智能制造，自动化生产，产线维保。

（6）员工在岗培训及辅助。

4. 市场

（1）市场情报采集与分析。

（2）竞品数据采集与分析。

（3）市场预测。

（4）市场活动文案策划。

5. 营销

（1）为不同格式内容生成创意。

（2）全媒体文案创作。

（3）撰写对话和产品详情描述。

（4）创建个性化和有针对性的推广活动。

（5）向特定受众推广产品或服务。

（6）产品售前咨询客服。

（7）商机收集和对接

6. 采购

（1）供应链数据采集、整理与分析，提供决策支持。

（2）优质供应商选择与建立合作。

（3）风险管理和合同管理。

（4）流程自动化，采购订单的创建、发票处理和运输跟踪。

（5）订单与库存分析。

7. 品控

（1）质量分析和溯源助理。

（2）质量检查优化。

（3）品质知识检索和分享。

8. 售后服务

（1）产品售后客服机器人。

（2）售后客户满意度提升服务。

（3）售后服务自动化流程。

（4）上下游交互沟通。

9. 财务

（1）自动生成财务摘要。

（2）自然语言与 SQL 语言互换。

（3）为财务查询创建自然语言响应。

（4）将自然语言转换为查询专有数据模型。

（5）财务流程 RPA。

10. IT 信息科技

（1）CodeX 自动生成代码文档。

（2）财务数据分析与预测。

（3）IT 客服机器人。

（4）财务文档检索与知识问答机器人。

（5）IT 知识检索与分享。

11. HR

（1）员工招聘计划，助理、人才筛选。

（2）线上虚拟招聘会。

（3）员工管理、培训与技能测评。

（4）内部知识库。

（5）HR 客服机器人，全生命周期管理与咨询。

（6）HR 流程自动化，人才库与分析。

12. 行政

（1）员工日常管理与客服问答机器人。

（2）员工关怀与活动策划。

（3）7 * 24 内务管理与后勤服务支撑。

四、AI+业务创新的专项培养计划①

每个企业都有其独特的业务场景和挑战。通过设计针对特定行业与业务场景的 AIGC 创新应用培养计划，企业可以在实战中培养出能够解决实际问题的人才。先于竞争对手建立起人+AI 协同作战的工作模式，显著提高产出的人效比。

（一）电商、新零售行业的业务创新场景

1. 品牌管理与营销

（1）总结社交媒体信息，利用文本情感分析来更好地了解用户的心声。

（2）为广告和营销活动自动生成图像模型。

（3）产品、服务质量的跟踪与反馈。

2. 客服中心洞察

（1）从呼叫记录中提取关键信息，完成呼叫总结。

（2）确定客户投诉的趋势，让拥有相关信息的客服更快决策和回复。

（3）使用 Q&A 知识库，让聊天机器人智能化自动处理呼叫。

3. 报告生成

（1）为门店管理者和总部管理人员提供运营总结。

（2）将支持票据简明扼要地汇总给门店管理者，为业务领导创建报告。

---

① 部分内容摘自广州 AI 共创加速器《AIGC 企业解决方案》。

4. 店员管理

通过搜索和内容生成功能自动完成店员排班管理。

5. 用户创造内容

（1）为用户创造内容生成描述，例如，基于产品照片的产品描述。

（2）计算机视觉和内容调节器相结合，过滤出不适合分享的内容。

6. 内部沟通

通过使用语义搜索和智能 Q&A 知识库，回应来自整个组织、多个业务部门和后端数据系统的查询。

7. 内部服务

（1）使用意图分类、实体提取、情感分析和轻量级的内部服务票据汇总。

（2）实现流程自动化并减少人力处理票据的时间。

8. 采购管理

（1）从供应商合同的数据中提取有价值的信息和观点，总结供应商合同。

（2）通过情感分析的方法强调出不利条款。

9. 产品介绍自动化

商品销售人员通过输入几个关键词即可生成长段的商品描述建议，从而减少人工操作。

10. 营销邮件自动化

根据 360 度客户画像信息和营销视频的提取和总结，自动生成个性化的营销电子邮件。

（二）各个行业业务创新的 AIGC 应用场景分析示例

1. 营销行业

在线客服，自动翻译，活动推送，营销推广，广告投放，客服机器人，搜索引擎优化。

2. 金融行业

客服聊天机器人，产品精准推送，智能投资建议，精准获客，市场调研，数据分析与报告。

3. 保险行业

智慧营销，智能客服，数字虚拟员工，智能化服务，客户分析和客户洞察。

4. 制造行业

机器人控制，质量控制，物料检测，智能装配，测试，检修，预测，调度故障诊断，物流，供应链，智能生产。

5. 法务司法行业

法律数据分析，知识产权保护，诚信尽职调查，在线法律咨询顾问，即时分析和总结。

6. 跨境电商

语言翻译，客服机器人，商品推荐，营销策略活动优化，生成社交媒体内容，邮件营销。

7. 汽车行业

24 小时在线智能客服，自动询价系统，快速解决问题并提高客户满意度；构建智能诊断系统，快速诊断故障并解决问题。

8. 文旅行业

精准营销，营销智库，推动营销，智能客服，展览策展，展览导览，展览讲解，展览体验，智能中控，推广宣传，应急处理。

9. 交通出行行业

交通安全智能问答，智能导航，智能网联，智能监测和分析车辆、道路、信号灯信息，智能调度交通流量，车辆故障判断与应答。

10. 新能源行业

精准的广告定向、营销推广，数据分析，能源效率评估，能源路线规划，充电提醒。

11. 医疗行业

聊天机器人预约、咨询和诊断，医疗数据分析和挖掘，监测患者生命体征、病情变化等信息，预警和干预，风险评估，病情监测。

12. 养老及大健康

老年人智能家居、智能出行辅助、智能陪护，慢性病患者管理、疾病预防和健康宣教，日常保健、定期疗愈、定制医养的全域康养，健康顾问机器人。

13. 教培行业

智能辅导和智能评估，智能化教育辅助工具，在线教育和远程教育，语音交互式问答和阅读理解测试个性化学习推荐，跨文化交流和语言学习。

14. 应急管理行业

精准感知和认知风险，风控知识库，快速风控决策和行为，控制衍生灾害，突发事故解决方案制订，执行远程操作，监控调取、安全逃生、电话报警。

15. 新闻多媒体行业

写稿机器人+媒资库融合形成新型搜索引擎，虚拟数字人主播，广告营销领域。

16. 现代农业

农业信息咨询，农业市场预测与分析，农业决策支持，智能问答求助，农业教育培训，农产品销售支持，农业供应链优化，农业气候风险管理。

17. 水利行业

水利教育培训与信息咨询，智能问答求助，自然灾害预测与报警，突发灾情应急指挥。

18. 通用行业

生成文本，包括文章、故事、对话，创作小说、新闻报道、广告文案，智能助手，客服机器人，问答系统，机器翻译和同声传译，虚拟人物的形象或语音，智能客服机器人。

五、企业中高管 AI 创新思维与领导力培养

在今天这个由技术驱动的时代，作为领导者，中高管们面临的挑战是如何构建一个以战略为核心的 AI 赋能能力提升体系，探索尝试建立起人+AI 协同工作的新模式，不仅仅是为了应对当前的变化，更是为了把握未来的机遇。以下将深入探讨这一体系的构建，包括 AI 思维的培养、领导力的提升、创新文化的营造以及业务发展的

推动。

（一）AI 思维的培养

1. 战略思维

将 AI 技术视为战略工具，融入企业战略规划，是中高管首先需要具备的 AI 思维。这意味着他们不仅要了解 AI 技术的基本原理和发展趋势，更要能够洞察 AI 技术如何服务于企业的长远目标，以及如何成为企业获取竞争优势的重要手段。

2. 创新思维

以开放的心态拥抱 AI，积极探索 AI 在不同业务领域的创新应用模式。创新思维鼓励领导者跳出传统思维的框架，勇于实验，探索 AI 技术在产品开发、市场营销、客户服务等方面的新用途。

3. 数据思维

重视数据的价值，以数据驱动决策是 AI 时代领导者必须具备的一种思维方式。这意味着从收集、处理到分析数据的全过程，领导者需要培养对数据的敏感度，利用数据洞察业务机会，优化决策过程。

（二）领导力的提升

1. 变革领导力

带领团队拥抱 AI 变革，克服由此带来的挑战。变革领导力要求领导者具备前瞻性视野，能够识别 AI 带来的机遇与挑战，引导团队顺利过渡，实现变革。

2. 赋能领导力

激发员工创新活力，发挥 AI 技术的潜力。赋能领导力意味着领导者需要为团队提供必要的资源和支持，鼓励团队成员积极尝试，利用 AI 技术解决问题，创造价值。

3. 协作领导力

构建跨部门协作机制，实现 AI 技术的共享与合作。在 AI 赋能的背景下，跨部门、跨领域的合作变得尤为重要。领导者需要打破壁垒，促进知识和资源的流动，共同推进 AI 项目的实施。

（三）创新文化的营造

1. 鼓励试错

营造包容失败的氛围，鼓励大胆创新。在 AI 项目的探索中，试错是不可避免的过程。领导者需要通过建立合理的容错机制，鼓励团队成员不惧失败，勇于实验。

2. 持续学习

打造学习型组织，推动员工不断学习新技能。AI 技术的迅速发展要求团队成员持续更新知识和技能。领导者需要为员工提供学习资源，创建学习机会，建立终身学习的机制。

3. 人才激励

建立人才激励机制，吸引和留住 AI 人才。在 AI 领域，人才是最宝贵的资源。领导者需要通过建立有效的激励机制，包括但不限于薪酬、职业发展机会、创新奖励等，吸引和留住优秀的 AI 人才。

（四）业务发展的推动

1. 业务模式创新

探索 AI 技术驱动的全新业务模式，是 AI 赋能下的重要任务。领导者需要洞察 AI 技术如何重塑行业格局，开创新的商业模式，实现价值创造。

2. 流程优化

利用 AI 技术优化业务流程，提升运营效率。领导者需要识别业务流程中的痛点和瓶颈，通过引入 AI 技术，实现流程自动化，提高效率。

3. 产品创新

开发基于 AI 技术的新产品和新服务。在 AI 赋能的过程中，产品创新是实现业务增长的关键。领导者需要探索 AI 技术如何赋予产品新的功能和价值，满足市场需求。

通过这个全面的 AI 赋能中高管能力提升体系，领导者将能够引领企业在 AI 时代中稳步前行，把握变革的机遇，实现持续的创新与发展。

六、AIGC 创新赛事：点亮企业创新之光

AIGC 创新赛不仅是一场比赛，更是一场激发员工创新热情、挖掘 AIGC 应用潜力的盛会。通过这场大赛，企业能够构建学习型组织，提升员工对 AIGC 技能的掌握，探索 AIGC 在新场景下的应用，推动业务创新发展，打造人才蓄水池，为企业储备未来的竞争优势。

四维赛道，逐鹿 AIGC 巅峰。

第一，选题。大赛聚焦企业战略和业务需求，设置贴合实际的比赛主题，鼓励参赛者深入思考企业面临的挑战和机遇，从而开发出切实可行的 AIGC 应用方案。

第二，应用。参赛者被鼓励发挥创意，利用 AIGC 工具开发出新的应用方案。这一阶段，不仅考验参赛者的技术能力，更考验他们对业务的深刻理解和创新思维的运用。

第三，试点。获奖方案将在真实场景中进行试点应用，这一阶段允许参赛者检验其方案的实际效果并进行必要的优化，确保方案的实用性和有效性。

第四，推广。将经过验证的优秀成果推广应用到企业的其他部门和业务领域，实现规模化应用。这不仅能够提升企业的整体运营效率，更能够为企业带来新的增长点。

通过四维赛道层层递进、环环相扣的设计，AIGC 创新大赛构建了一个完整的 AIGC 创新闭环，助力企业实现从创意到落地的全链条创新。

AIGC 创新大赛不仅激发了员工的创新热情，营造了鼓励创新的氛围，还发现和培养了 AIGC 人才，提升了企业的技术创新能力。通过探索 AIGC 应用新场景，大赛推动了业务模式的创新，为企业在激烈的市场竞争中提供了新的武器，提升了企业的整体竞争力。

在这个由 AIGC 引领的新时代，企业与员工之间的关系正经历着一场深刻的变革。为了在这场变革中取得成功，我们必须共同学习如何在这个不断变化的新世界中前行，共同创造新的规则、新的边界和新的关系。这不仅是一个简单的适应过程，更是一次根本性的转变，它要求我们重新思考和定义主动权的模式和价值。

在这个充满活力和不断进化的生态系统中，组织需要放弃过去那种对员工完全控制的想法。我们不能再将员工仅仅视为执行命令的工具，而应该认识到他们作为企业最宝贵的资产之一，对组织乃至整个社会都承担着重大的责任。在 AIGC 时代，员工不仅是任务的执行者，更是创新的驱动力，是推动企业持续发展的关键。

因此，企业需要与员工建立一种新型合作关系。在这种关系中，双方都是平等的合作伙伴，共同探索和创造价值。企业需要提供一个开放、包容的环境，鼓励员工发挥创造力，激发他们的创新活力。同时，员工也需要积极参与到企业的决策和创新过程中，为企业的发展贡献自己的智慧和力量。

这种新型共创关系的建立，不仅能够帮助企业更好地适应 AIGC 技术带来的挑战和机遇，更能够促进企业和员工共同成长，实现共赢。在这个过程中，企业和员工将共同定义新的工作方式、新的合作模式和新的价值创造途径，共同开启企业发展的新篇章。

第四章

创新篇

查尔斯·汉迪，当代欧洲伟大的管理思想家。英国《金融时报》称他是欧洲屈指可数的"管理哲学家"，并把他评为仅次于彼得·德鲁克（Peter F. Drucker）的管理大师。1967年，他创办了伦敦商学院，曾获得13所英国大学名誉博士学位或名誉研究员称号。

图4-1　查尔斯·汉迪（Charles Handy）

《第二曲线：跨越"S型曲线"的二次增长》是查尔斯·汉迪于80岁高龄特别为年轻一代写的书。身为伦敦商学院的创始人之一，汉迪其实本质上是一位"社会哲学家"，他谦称自己是个没有特殊专长的社会哲学家。汉迪的"第二曲线理论"为企业领导者提供了一个全新的视角，它揭示了企业持续增长的秘密和其中的复杂性。这个理论，源于一个简单却富有启发性的故事。

汉迪曾在一次旅行中体验到了方向与机遇的微妙关系。他向一位当地人询问目的地的路线，对方告诉他一直往前走，直到看到一个叫Davy的酒吧，然后在离酒吧还有半里路的地方右转。但指路人一离开，汉迪就意识到了问题的所在：当他知道应该在哪里转弯时，他已经错过了转弯的机会。这个经历让汉迪意识到，很多时候，我们在察觉到转变的必要性时，已经错失了采取行动的最佳时机。

这个见解促使汉迪提出了"第二曲线理论"。在这个理论中，汉迪把企业的增长轨迹比喻为一系列的 S 曲线。每一条增长曲线最终都会达到其增长的极限，即抛物线的顶点。要实现持续增长，秘诀在于在第一条曲线走向衰退之前，就开始谋划和培育新的增长曲线。这样，企业就有足够的时间、资源和动力来克服新曲线起初的挑战和困难。

第一节　第二曲线创新的挑战与悖论

当企业处于增长的顶峰，或者所谓的"黄金时代"时，很少有领导者愿意冒险偏离已经证明成功的路径，去投资于短期内可能看不到回报的新业务。大多数企业倾向于在现有增长曲线明显开始下滑时，才开始考虑创新和转型。问题在于，此时企业可调动的资源和动力已经大不如前，同时，新兴和现有的竞争者可能会利用这个机会发起攻势，企业内部也可能缺乏创建新增长曲线所需的自信和从容。

"第二曲线理论"不仅是关于企业增长的策略，更是领导智慧和前瞻性的体现。它教导我们，真正的远见不在于坚持已有的成功模式，而在于敢于在顶峰时期寻找和培养新的增长点。这需要领导者具备非凡的勇气和洞察力，能够在众人沉浸于当前的成功时，已经着眼于未来的转型和挑战。

一、苹果手机：第二曲线创新的典范案例

在 21 世纪初，以诺基亚为代表的传统功能手机品牌牢牢掌握着市场的主导权。在那个时代，手机的主要功能被限定在通话、短信以及简单的增值业务上。然而，就在市场这个看似平静的水面下，一场革命性的变革即将被苹果公司引爆。

苹果公司的介入不仅仅是市场上的一次简单扰动，而是一次彻底的游戏规则重写。2007 年，苹果推出了第一代 iPhone，这不仅仅是一款新型手机的诞生，更代表了移动互联网时代的正式开启。iPhone 的推出，意味着手机从此成为一个集通讯、娱乐、生产力功能于一体的多功能平台。这种全新的设备，为用户打开了一个全新的世界。他们可以在一个设备上浏览互联网、享受多媒体娱乐、处理工作任务，甚至使用各式各样的应用程序来扩展其功能。

苹果公司的这一创新举措，迅速改变了整个行业的发展方向。数以亿计的新用户被这种全新的智能手机体验吸引，市场的需求开始急剧转变。传统的功能手机开始显得力不从心，无法满足用户对于移动设备的新期待。尽管诺基亚试图通过推出自己的智能手机来应对挑战，但由于缺乏足够的软件生态支持和用户体验设计的不足，他们未能有效抵挡住苹果的攻势。最终，在 2012 年，诺基亚交出了把持 15 年之久的手机霸主宝座，市场份额更是从高峰时的 50% 直接掉落至 4% 左右，也象征着曾经的市场王者诺基亚的没落。

苹果的成功，是第二曲线创新的典范。它向我们展示了真正的创新并不仅仅在于对现有产品的微小调整或改进，而在于通过根本性变革，打破行业现状，引领市场进入一个全新的增长路径。苹果敢于挑战现状、颠覆传统的勇气和远见，不仅彻底改变了公司自身的命运，也重塑了整个移动通信甚至全行业和社会的面貌，引领了技术和市场的未来方向。

二、屠龙勇士成为巨龙

苹果公司，这个曾经以一己之力重塑全球科技市场格局的巨人，其发展轨迹犹如一部史诗级的商业传奇。从挑战传统手机市场的屠龙者，到成为科技界的巨龙，苹果公司的旅程充满了创新与变革。然而，随着时间的流逝，这个一度以冒险和创新为生命线的公司似乎逐步转向了一种更为保守、更加注重财务回报的战略方向。

乔布斯去世后，外界普遍感受到苹果的产品更新开始趋于保守，公司似乎更加注重维护其现有的市场地位和利润回报，而并非像过去那样不断寻求突破与创新。2023 年 12 月，苹果公司的市值再次突破 3 万亿美元大关，其股价在过去一年中累计上涨约 50%，表面上看依旧光彩照人，仿佛重现了当年诺基亚的辉煌。然而，华尔街分析师开始指出苹果面临的挑战：iPhone 15 的销量开始放缓，特别是在中国市场，即使降价销售，销量仍然呈现下滑趋势。同时，苹果的其他产品线，包括 Mac、iPad 和可穿戴设备，也都未显现反弹的迹象。

这种转变和面临的挑战，反映出了许多成功企业在达到一定规模和成就后常见的困境：它们变得不愿意冒险，害怕失去已经拥有的一切。在追求稳定和保守的过程中，可能会逐渐失去推动企业不断前进的创新动力。

苹果的这一转变，引发了所有追求长期成功的企业重要的思考：如何在保持市场领先地位的同时，继续保持创新的活力和勇于冒险的精神，这是每一个企业都必须面对的挑战。对苹果而言，找回那股推动初期革命性创新的力量，不仅关乎其在未来市场中的竞争地位，更关乎其作为科技创新领导者身份的持续性。

三、华为：不断进取超越的斗士

在商业的世界里，没有永恒的巨龙，只有不断进取超越的探索者。

在经历了美国政府 4 年的制裁打压之后，在 2023 年 8 月底，华为 Mate 60 系列的强势回归，让苹果在高端市场的份额面临挑战。Counterpoint 数据显示，2023 年第四季度，中国智能手机销量触底回升，同比增长 6.6%，其中苹果手机销量同比下滑 9%，华为销量同比增长 71.1%，华为和荣耀均保持强势增长。

艾瑞咨询《2024 年中国折叠屏手机市场消费洞察报告》显示，华为在 2023 年中国国内高端折叠屏市场中占比 50.3%，达到断层式的第一，在万元以上的超高端折叠屏市场中，华为份额高达 65.6%，华为 Mate X5 更是取得了 2023 年中国折叠屏手机市场销量第一的成绩，也是唯一一款出货量超百万的单品。此外，除了细分市场第一外，华为手机还拿下了 2024 年开年的中国市场第一，时隔 4 年重回第一。

面对美国的严厉打压和制裁，华为不仅没有屈服，反而展现出了非凡的韧性和无与伦比的创新精神。华为公司不仅在其核心的手机技术领域持续创新，通过推出如 Mate 60 系列这样的新产品，展现了其不断前进的决心，同时华为还在鸿蒙物联网、汽车智能化、盘古大模型等新兴技术领域积极探索，寻找新的增长机遇。华为的行动是对当前挑战的直接回应，更是对未来市场趋势的深刻洞察和前瞻性布局。通过自主研发和技术创新，华为不仅仅是在寻求短期的突破，更是在为长期的未来铺设基石。

未来，华为是否能够成为新的屠龙勇士，或是徒劳无功的挑战者，还有待市场和时间的检验。但无论结果如何，华为在逆境中不懈努力、勇于探索的精神，已经给全球的企业和创新者们提供了宝贵的启示。它告诉我们在逆境中寻找第二曲线的勇气和智慧，将是决定企业未来命运的关键。无论是在科技创新的前沿，还是在新兴市场的探索中，持续进取和创新，是企业走向成功的不二法则。华为的旅程，无疑为我们描绘了一幅在挑战中成长、在变革中前行的生动画卷。

第二节　AIGC 可能催生出的增量市场①

在过去的一年里，AIGC 技术以其惊人的速度和潜力改变了我们理解和利用信息的方式。2023 年，中国的 AIGC 市场规模达到了 170 亿元人民币，这只是开始。根据业内预测，到 2030 年，中国 AIGC 市场的规模将可能飙升至 1.15 万亿元，展现了一个令人瞩目的增长轨迹。

在全球范围内，国际上已经有 8 家被评为独角兽公司的 AIGC 企业，这些公司的价值和影响力不容小觑。其中，最为人所熟知的 OpenAI，凭借其推出的 ChatGPT，估值高达 290 亿美元，成为 AIGC 领域的领头羊。Hugging Face 估值达到 20 亿美元，以及最新加入独角兽行列的 Character. AI，仅成立 16 个月就达到了 10 亿美元的估值。除了这些公司外，Lightricks、Jasper 和 Glean 等企业也都以 10 亿美元以上的估值占据了市场的高地，而 Anthropic 以 41 亿美元的估值也展现了其在 AIGC 领域的实力和潜力。

在探索 AIGC 的世界中，我们需要理解 AIGC 的两个层面：狭义与广义。狭义的 AIGC 紧贴普通用户的日常生活，涵盖图像、文本、音频和视频等内容的生成，与生成式 AI 和合成媒体（Synthetic media）的概念相似。而广义的 AIGC 则更为宽泛，包括游戏中的策

---

① 以上内容引用自量子位智库《中国 AIGC 产业全景报告》，有修改。

略生成、代码生成,如 GitHub Copilot,乃至蛋白质结构的预测与生成。

一、AIGC 产业发展的三个关键阶段

在中国,AIGC 的发展还处于起步阶段,行业竞争格局尚未明晰,迫切需要加大开发力度和资金投入,以快速构建起整个生态体系。预计到 2030 年,AIGC 产业的发展将经历三个关键阶段。

(一)培育摸索期(2023—2025 年)

这是一个业务场景验证和变现探索的时期。在这一阶段,底层的大模型技术发展迅速,但中间层尚缺乏显著玩家,而基于国外开源模型的应用层尝试频繁。尽管如此,由于底层大模型的接口限制,很多技术还未能稳定达到实际生产的水平。

(二)应用蓬勃期(2025—2027 年)

在这个阶段,AIGC 的基本价值创作路径和技术思路得到确认。行业开始广泛尝试人机共创,特别是在内容资讯和娱乐传媒等领域,AIGC 技术开始产生确定性的价值。底层和中间层模型的主要玩家基本确定,并且开放 API 的数量增加,吸引了更多参与者,特别是应用层玩家的加入。

(三)整体加速期(2028—2030 年)

预计从 2028 年开始,AIGC 技术的价值在个性化、实时化、自主迭代等方面将得到充分发挥,并与其他业务系统紧密结合。这一阶段,我们可以期待看到提供完整解决方案的初创公司出现,AIGC

技术将成为内容领域的基础设施，并可能催生完全不同的新业态。

二、AIGC 产业发展的商业模式探索

AIGC 的商业模式可以从四个维度进行深入解析，这些维度不仅展示了 AIGC 技术的多样性，也揭示了它在不同行业中被广泛应用的潜力。

（一）生产可直接消费的内容

在这个模式中，AIGC 技术的核心在于平衡 AI 的创意度和规模化生产能力，旨在降低用户生成内容（UGC）的门槛，并在某种程度上替代专业生成内容（PGC）的基础性创作工作。从新闻撰写到聊天机器人，再到虚拟偶像的创建，AIGC 技术正以前所未有的速度和效率，推动内容生产的革命。然而，这一领域面临的挑战在于内容供给市场的相对饱和，这要求企业必须谨慎分析市场供需情况，寻找差异化的创作角度。

（二）结合底层系统，生产附加价值内容

这一模式的特点在于其超个性化、实时化和行业特色化的内容生产能力。它要求企业不仅要深入行业，打通上下游业务接口，还需要深化行业知识设计，以确保 AIGC 技术能够产生真正有价值的内容。无论是内容营销、智能推荐还是个性化定制，AIGC 都在成为内容生产环节中不可或缺的一部分。

（三）提供内容生产辅助工具

在这个模式下，AIGC 技术具备为创作者提供创作线索、草图或

完成特定创作操作的能力。尽管国内市场对工具类产品的付费意愿有限，且工具的可介入程度受到专业因素的影响，AIGC 技术仍然有望通过提高创作效率和降低创作门槛，为写作、图像编辑和视频剪辑等领域带来革命性的变化。

（四）提供打包内容或行业解决方案

在教育、医疗、金融等行业，AIGC 技术通过整合多模态能力，提供一站式解决方案，不仅降低了用户的使用门槛，还大幅提升了效率。这种模式的优势在于它能够为特定行业提供定制化的 AIGC 应用，满足行业特定需求，推动行业创新。

三、AIGC 多模态应用：纵深挖掘细分市场潜力

在这个快速变化的时代，AIGC 技术的应用正深刻地改变着我们生产、消费和内容理解的方式，以下是对 AIGC 模态应用及其在细分市场潜力的深入探讨。

（一）文本生成：开启内容创作新篇章

文本生成技术正在彻底改变写作、编辑和内容创作的领域。预计到 2030 年，90%的新闻撰写将由机器人完成，这将不仅提高新闻产出的效率，还可能带来更加客观、多样化的报道视角。此外，文本生成技术还能助力剧情续写、营销文案创作，甚至在智能客服和虚拟伴侣等领域中发挥重要作用，为用户提供更加丰富、个性化的互动体验。

（二）音频生成：塑造听觉新体验

音频生成技术尤其是文本转语音（TTS）技术，正创造音乐创

作、有声书制作和配音等领域的新机遇。声音 IP 化和语音克隆技术的发展，更是让个性化音频内容成为可能，提供了全新的创作和娱乐方式，让每个人都能拥有独一无二的声音体验。

（三）图像生成：描绘未来视觉

图像生成技术预计在未来 5 年内将推动全球 10%～30% 的图像由 AI 生成或辅助生成。这一技术不仅能够进行图像属性的编辑、局部生成及更改，还能实现端到端的图像生成，从而在艺术创作、广告设计乃至虚拟现实等领域开辟新天地。

（四）视频生成：重塑观看体验

视频生成技术正逐步克服技术难题，为视频自动剪辑、属性编辑乃至视频到视频的自动生成提供解决方案。这意味着，在未来，创作者能够更加高效地生产视频内容，同时也为用户带来更加丰富多元和个性化的观看选择。

（五）跨模态生成：连接文本、图像与视频

跨模态生成技术使得文本到图像、文本到视频的转换成为可能，为创意表达和内容创作提供了前所未有的灵活性。同时，图像或视频到文本的转换，例如，跨模态搜索、视觉问答以及自动生成字幕和标题，也在为信息检索和内容理解带来革命性的变化。

（六）策略生成：智能化的策略制定

在游戏、自动驾驶和机器人控制等领域，策略生成技术正发挥着越来越重要的作用。它不仅能够提高决策的效率和准确性，还能通过不断学习和适应，为这些系统提供更加智能化的策略制定能力。

四、AIGC 的行业融合度分析

在这个快速变化的数字时代，AIGC 技术正引领一场全方位的行业变革。从线上游戏到影视传媒，再到电子商务和办公软件，AIGC 技术的应用正不断拓宽，激发出新的增长潜力和商业模式。

（一）线上游戏：AIGC 变现最为清晰的赛道

在线游戏行业是 AIGC 技术应用最为成熟的领域之一。通过 AI Bot 的加入、NPC（非玩家角色）的智能生成，以及游戏资产的自动化生产，AIGC 技术极大地提升了游戏开发和运营的效率，同时也为玩家带来了更加丰富多样的游戏体验。游戏内付费、广告收入以及游戏周边的销售成为主要的变现模式。

（二）影视传媒：内容创作迎来革新

在影视传媒领域，AIGC 技术的应用正引发内容创作的革命。从换脸技术、背景渲染，到广告植入和虚拟人物的创建，AIGC 技术不仅降低了制作成本，还开辟了新的创意空间。此外，AI 辅助的剧本创作和音乐制作也正逐渐成为可能。影视作品的票房收入、版权销售和付费订阅成为重要的变现途径。

（三）内容资讯：新闻写作自动化落地

AIGC 技术在内容资讯领域的应用，特别是新闻写作的自动化，正在逐步成为现实。AI 不仅能够高效产出新闻稿件，还能参与内容审核和推荐，从而提高内容的生产效率和传播效果。广告收入和付费订阅模式为资讯领域的 AIGC 应用提供了稳定的变现渠道。

（四）电子商务：数字人直播带货与个性化营销

在电子商务领域，AIGC 技术通过数字人直播带货、智能客服和个性化推荐等应用，正改变着传统的销售模式和顾客服务体验。这些技术的应用不仅提升了销售效率，还加深了与消费者的互动，为电商平台带来了新的增长点。佣金、广告和付费服务成为主要的变现方式。

（五）办公软件：生产力工具的革新

办公软件领域的 AIGC 技术应用，如文档自动生成、数据分析和幻灯片制作等，正在极大地提高工作效率和创造性。软件订阅和增值服务成为这一领域 AIGC 技术的主要变现模式。

（六）其他行业：广阔的应用前景

AIGC 技术在金融、交通运输、医疗、虚拟陪伴和在线教育等领域也展现出广阔的应用前景。这些技术不仅能够提供更加精准的服务，还能够创造出全新的用户体验。软件订阅、服务费和广告等成为这些领域内 AIGC 技术的变现途径。

AIGC 技术正处于掘金新时代的前夜，它的广泛应用不仅将深刻改变各行各业的运作模式，还将开启全新的商业机遇和发展趋势。随着技术的不断成熟和创新应用的涌现，AIGC 技术无疑将成为未来数字经济的重要驱动力。

第三节 AIGC 赋能企业第二曲线创新

在不断快速涌现的 AIGC 大潮中，企业面临的不仅是如何在现有市场中保持竞争力，更重要的是将 AIGC 开辟的新市场机会与自身的固有优势相结合，通过构建第二曲线增长模型来实现开拓新的增量市场，实现自身跨越式增长。以下是笔者在长期的创新实践中通过四步破局，构建第二曲线增长模型的思考，希望可以帮助读者驱动创新，点亮增长的新引擎。

一、四步破局，构建第二曲线增长模型

（一）核心能力沉淀

第一步是对企业现有的核心竞争力进行深度挖掘和沉淀。这意味着企业需要识别和强化那些使其独特且难以被竞争对手复制的能力。无论是技术、品牌、市场渠道还是客户服务，萃取并构建差异化的优势是企业稳固现有市场地位和探索新市场的基石。

（二）新增量市场

随着企业的成长，原有市场可能逐渐趋于饱和。因此，洞察市场趋势，发掘潜在需求，定义新的增量市场成为必然选择。这需要企业具备前瞻性的视角，通过市场研究和数据分析来识别新的增长机会。新的增量市场的发掘不仅可以带来新的收入增长点，也能为

企业带来长期的发展动力。

（三）准确找到生态地位

在确定了新的增量市场后，企业需要明确自身在这一市场中的定位。这包括理解企业的独特价值主张、目标客户群体以及如何通过构建竞争壁垒来保护和增强企业的市场地位。明确生态地位有助于企业在新市场中快速站稳脚跟，避免与竞争对手的直接对抗，寻找到自己的蓝海市场。

（四）单点破局，形成业务正循环

最后，企业需要选择一个合适的突破口，通过快速迭代实现规模化增长。这意味着企业应聚焦于一个具有高增长潜力的细分市场或产品，通过持续的创新和优化，快速占领市场份额。成功的单点突破不仅能够为企业带来显著的增长，还能形成正向的业务循环，为企业开拓更多的增长空间和机会。

二、AIGC 赋能第二曲线创新的四大优势

在今天的商业竞争中，创新不再是企业选择的问题，而是生存的必要条件。下面笔者将探讨 AIGC 技术如何成为推动企业创新、实现第二曲线增长的关键力量。

（一）降低创新门槛，加速产品迭代

AIGC 技术通过自动化内容生成，极大地降低了创新的门槛，使得原本需要大量人力、物力和财力投入的创新活动变得轻松许多。企业可以利用 AIGC 快速生成原型、测试概念并迭代产品，这不仅加

速了产品的上市时间，还大大降低了研发成本。如此，企业便能够在激烈的市场竞争中快人一步，抓住先机。

（二）突破认知局限，拓展创意空间

传统的内容创作往往受限于人类的认知和想象力，而 AIGC 技术的应用打破了这一局限。它能够基于海量数据生成前所未有的创意和内容，为企业拓展无限的创意空间。从产品设计到市场营销，AIGC 技术能够提供独特且吸引人的内容，帮助企业在同质化竞争中脱颖而出。

（三）提升用户体验，增强市场竞争力

在用户体验日益成为企业竞争核心要素的今天，AIGC 技术能够根据用户的行为和偏好生成个性化的内容和推荐，极大地提升了用户的满意度和忠诚度。无论是个性化新闻、定制化购物体验，还是智能客服，AIGC 技术都在不断地提升用户体验，从而增强企业的市场竞争力。

（四）构建数据闭环，优化运营策略

AIGC 技术不仅能够生成内容，还能够分析用户对内容的反馈，形成数据闭环，为企业提供决策支持。这种基于数据的运营策略优化，使得企业能够更加精准地了解市场需求，调整产品和服务，优化营销策略，最终实现业务增长和效率提升。

三、AIGC 创新场景：点亮第二曲线增长引擎

（一）产品创新：个性化的未来

在产品创新方面，AIGC 技术能够通过分析大量数据，生成个性

化的产品设计和智能推荐方案，满足消费者的独特需求。这不仅能够吸引更多的消费者，还能提高产品的市场竞争力。通过 AIGC 技术，企业可以快速迭代产品设计，实现从概念到市场的加速跳跃，有效缩短产品开发周期，加速创新步伐。

（二）内容营销：品牌力量的新引擎

内容营销是提升品牌影响力的重要手段。AIGC 技术能够根据目标受众的偏好和行为，自动生成吸引人的高质量内容，包括文章、视频、图像等。这种高效、个性化的内容创作能力，使企业能够在信息爆炸的时代中脱颖而出，建立强大的品牌影响力和忠诚的客户群。

（三）用户运营：优化用户体验

在用户运营方面，AIGC 技术通过智能客服和虚拟助手等服务，提升了用户体验。智能客服可以 24/7 不间断提供服务，快速响应用户需求，解决问题，从而提高用户满意度和忠诚度。通过个性化的交互和服务，企业可以更好地理解和满足用户需求，构建更紧密的用户关系。

（四）数据分析：决策的智能化

AIGC 技术能够深度挖掘和分析大数据，提供有价值的洞察和建议，帮助企业优化决策。无论是市场趋势预测、消费者行为分析，还是产品性能优化，AIGC 技术都能提供强大的数据支持，使企业能够在复杂多变的市场环境中做出更精准、更高效的决策。

第四节　精益创业成为管理创新常态①

在加速变化的今天，创业的机会无处不在。无论是在咖啡馆角落里起步的小公司，还是已经成为市场领头羊的大企业，都有创新的空间和可能。在今天这个充满不确定性的世界里，任何人都有机会成为创业者，打造新产品和新服务，引领市场的变革。

精益创业是一场革命，它颠覆了传统的创业模式，提倡用一种更加灵活、高效的方式来验证产品的市场需求。这种思想告诉我们，创业不必是一个资源消耗巨大的过程，相反，它可以是快速、灵活和低成本的。

对新兴企业而言，存在的最终目的并不仅仅是赚钱或服务顾客，更重要的是通过不断的学习和实验，探索出一条可持续发展的道路。这一过程中，创业者需要将自己的假设放到实践中去验证，通过不断地试错来获取真正有效的经营策略。

一、精益创业的思想与五项原则

（一）最小化可行产品：创业的起点

最小化可行产品（MVP）是精益创业的核心。它不要求创业者一开始就推出一个功能齐全的产品，而是鼓励创业者先推出一个功

---

① 内容节选自一堂五步法，有改动。

能最简单的产品原型。这样做的目的是尽快收集市场反馈，以最低的成本验证创业者的业务理念是否可行。MVP 让创业者能够快速进入市场，而不是在产品完美之前就耗尽资源。

（二）以用户为中心：成功的关键

精益创业的关键在于始终将用户放在第一位。创业者的任务是解决用户的痛点，满足他们的需求。通过快速迭代和持续学习，创业者可以逐步深入了解用户想要什么，优化产品以满足这些需求。在这一过程中，倾听用户的反馈变得至关重要，它是指导产品完善方向和功能优化的罗盘。

（三）敏捷的跨部门团队：协作的力量

创业是一项团队运动，而精益创业更强调敏捷的跨部门团队合作。在这个过程中，设计师、工程师、营销专家和产品经理等不同背景的人才需要紧密合作，共同推动产品从概念到市场的转化。这种跨部门协作确保了团队能够迅速响应市场变化，高效执行创业计划。

（四）假设—测试—反馈—迭代：动态的进化过程

创业是一个不断试错、学习和迭代的过程。精益创业鼓励创业者将自己的想法转化为可测试的假设，然后在真实的市场环境中进行验证。根据用户反馈和数据分析的结果，创业者需要做出是否继续、调整方向还是彻底改变策略的决定。这个反馈循环确保了产品能够不断进化，更好地满足用户需求。

（五）精益创新的文化：与不确定性共存

在创新创业的世界里，变化是唯一不变的事物。创业者需要具备快速适应这些变化的能力。通过建立一个快速迭代的产品开发流程，创业者能够及时调整方向，确保产品始终与用户的需求保持一致。精益创业不仅是一种创业方法论，更是一种思维方式、一种文化。它告诉我们，在这个不断变化的世界中，唯有那些能够快速学习、灵活调整并持续进步的创业项目，才能够在激烈的竞争中脱颖而出。

创新型企业的诞生不仅意味着一种新产品或服务的问世，更代表着一种全新的组织形态和管理模式的出现。在这种充满不确定性的环境中，精益创业提倡的是一种快速适应变化、灵活应对挑战的新型管理理念。即对许多大中型企业来说，内部的精益创新或者创业已然成为管理的一种常态。

二、精益创业的实践方法与技巧

（一）需求验证

精益创业的核心在于怎样用最少的资源做最多的事情，尤其是在验证市场和用户需求这个关键环节上。这里，我们将探讨精益创业实践中最为关键的技巧——需求验证。

创业的第一步并不是冲动地将一个想法变为现实，而是冷静地验证这个想法是否真的有市场需求。这个过程中，最小可行产品（MVP）成了创业者最有力的工具。MVP不要求完美，但它需要足够好，能够让创业者的潜在用户体验到产品的核心价值，并给予反馈。

需求验证的目的是精准定义创业者的用户群体，了解他们的使用场景，确认需求的真实性，以及需求是否普遍、刚性和高频。此外，还包括评估市场容量的上限，以及创业者的团队可能获得的市场份额。通过对比研究同行业的成功案例和失败教训，创业者可以更加清晰地看到自己的路该怎么走。

早期的需求验证可以极大地降低创业的风险和成本。许多创业团队在这一点上往往掉以轻心，忽略了需求验证的重要性，导致产品开发方向偏离市场需求，或是发现市场容量远不如预期，最终难以为继。实际上，通过系统的需求验证，创业团队可以在投入大量资源前就发现潜在的问题，避免走入误区。

实践中的技巧包括以下四方面。

首先，定义用户。通过调研和访谈等方式，精准画像创业者的目标用户是谁，他们在什么场景下会使用创业者的产品。

其次，需求测试。利用 MVP 测试市场，观察用户对产品的反馈，确认需求的真实性和紧迫性。

再次，市场容量与份额。通过数据分析和市场研究，评估目标市场的容量，以及创业者团队能够占据的市场份额。

最后，学习他人经验。深入分析行业内的成功案例与失败教训，吸取宝贵经验。

精益创业的实践告诉我们，只有真正站在用户的角度，去理解和满足他们的需求，才能在激烈的市场竞争中脱颖而出。通过需求验证这一关键步骤，创业者不仅能够确保自己的方向正确，更能以最小的代价验证自己的创业想法，为创业之路奠定坚实的基础。

（二）产品内核

在精益创业的过程中，找到并维护产品的内核是成功的关键。这个所谓的"内核"，简单来说，就是让用户选择"你"而不是"你"的竞争对手的理由。它是创业者的差异化策略和核心竞争力。许多创业项目在中期营收增长乏力，究其原因，往往是因为它们的产品缺乏这样一个核心。

这些项目往往在早期盲目跟风模仿，以及在产品上过多地堆叠功能和卖点。他们错误地将增长和财务数据视为早期阶段的首要追求，分散了精力和资源，从而埋下了失败的种子。

差异化是产品内核的本质，产品内核的构建源于深入理解用户需求，并据此提出独特的产品服务或解决方案。这种差异化不仅是为了区别于竞争对手，更重要的是为了满足用户的独特需求。因此，创业者的首要任务是通过市场调研和 MVP 测试等方式，深入挖掘用户真正的需求和痛点。

中国新能源汽车行业提供了两个典型的成功案例：五菱宏光MINIEV 和理想 ONE。尽管这两款产品针对的细分市场和目标用户群体差异巨大，但它们都通过精确定位找到了自己的产品内核。

五菱宏光 MINIEV 被誉为"人民的代步车"，它以低廉的价格和实用的功能满足了中国三、四、五线城市甚至乡镇消费者对经济型电动车的需求。它并没有追求过多的科技功能与续航快充这些电动车"标配"，而是专注于为用户提供一个简洁、实用、经济的出行方案。

理想 ONE 则定位于中高端市场，它通过"增程"这一饱受质疑的过渡性技术方案，为用户实现了优异的续航能力，从而解决了用户的"远程焦虑"。同时通过精准定位"奶爸"这一目标客群，通过"一辆车满足各种出行场景"的解决方案，吸引了对品质、空间、舒适度有更高要求的用户群体。理想 ONE 的成功在于它准确地捕捉到了特定用户对新能源汽车的特定需求，并围绕这些需求设计了产品。

这两个案例向我们展示了差异化的力量。无论是定位于低端市场还是高端市场，通过精确的市场定位和清晰的产品内核，五菱宏光 MINIEV 和理想 ONE 都在各自的细分市场取得了骄人的成绩。对创业者而言，重要的是要避免一味追求增长和堆叠功能，而应专注于打造具有明确差异化优势的产品。

（三）商业模式

在精益创业的过程中，打造一个可持续的商业模式是过渡到成熟阶段的里程碑。这不仅是一次策略上的跃进，更是创业项目生存与否的决定性因素。在确定了目标用户的需求和产品的内核之后，构建一个健康的商业模式成为下一步的重要任务。

商业模式的核心在于建立一个可持续的财务闭环模型。这意味着，创业项目需要在最小的业务单元上展示其盈利能力或持续稳定的现金流。无论是连锁零售企业的单店财务模型，电商的单品类 SKU 财务模型，还是大客户销售的销售人员模型，能够在这些最小业务单元实现财务上的自给自足，就标志着一个商业模式的健康和可持续。

一旦在最小业务单元上建立起稳定的现金流或实现盈利，便为接下来的杠杆放大打下了坚实的基础。这不仅为企业提供了扩张的可能性，也为未来的融资活动奠定了基础。商业模式的财务模型不仅是创业项目运营的核心，也是估值的前提。通过现阶段的财务模型，可以预测未来营收的增长和规模扩大后的财务状况，使融资的理由和用途更加令人信服。

在需求验证和产品内核阶段，我们关注的是用户增长、留存率、客单价、复购率等用户行为指标。而在商业模式阶段，重点转变为更加关注财务指标。这些指标包括但不限于利润率、现金流、成本控制等，它们直接关系到创业项目是否能够在竞争激烈的市场中存活下来，并最终实现盈利。

精益创业不仅是一场对产品和用户需求的探索之旅，也是一次对商业模式可行性的考验。只有那些能够在最小业务单元上证明自己盈利能力或现金流稳定的创业项目，才能在未来的发展中持续茁壮成长。

（四）杠杆放大

经过了需求验证、打造产品内核和建立商业模式的艰苦努力后，创业项目终于迎来了令人激动的快速增长阶段——杠杆放大。这一阶段，创业者需要将自己的小船驶入更为宽阔的海域，面对的挑战是如何将一个初创型小团队成功过渡成为一家有一定规模的企业。

杠杆放大的核心是找到并实施适合的业务增长模式。这些增长模式通常不需要原创，因为它们已经在同行业或其他行业经过了多次验证。关键在于创业者如何将这些成熟的增长策略有效地应用到自己的项目中，让企业在竞争中脱颖而出。

在这个阶段，创业者将面临六大挑战。

第一，发展战略。制定清晰且可执行的长期发展战略，确保企业朝着正确的方向前进。

第二，核心高管。聘请经验丰富的核心高管，他们曾经历过高速增长阶段，能为企业带来宝贵的经验和洞察。

第三，组织架构。设计出能够支撑业务发展的组织架构，为企业的进一步扩张打下坚实的基础。

第四，团队建设。建设更大规模且高效的业务团队，确保每个人都能在快速发展的团队中找到自己的位置。

第五，业务流程。梳理并优化业务流程，使之更加流畅高效，确保企业能够在快速增长中保持稳定。

第六，财务管控。建立严格的财务管控体系是企业持续增长的保障，有效的财务管理能够帮助企业合理分配资源，避免浪费，并避开那些危险的漩涡。

不同于前三个阶段可能遇到的融资难题，在杠杆放大阶段，投资人往往会主动接洽，创业者拥有的资源也会有质的飞跃。然而，正是在这个时候，由于过于乐观或自我膨胀，创业者可能会犯下致命的错误。只有成功渡过杠杆放大这一关键阶段的创业者，才能真正地从一个创业者蜕变为企业家。这需要创业者在享受成功带来的喜悦的同时，保持清醒的头脑，避免陷入过度自信的陷阱，做出冲动的决策。

总而言之，杠杆放大阶段是创业项目由小到大的关键时期。在这一阶段，创业者需要以前所未有的智慧和勇气，抵制各种诱惑并面对各种挑战，才能引领企业继续健康、稳定地成长。在创业的旅程中，杠杆放大不仅仅是一次规模的扩张，更是创业者成长为真正企业家的重要转折点。

（五）护城河

在创业的激烈战场上，将快速增长转化为最终的市场优势并非易事。真正的挑战在于，如何在这场没有硝烟的战争中确保自己的市场份额不被竞争对手侵蚀。事实上，提前规划并在增长过程中构筑坚固的护城河，是避免成为他人作嫁衣的关键。然而，并非所有护城河都能真正保护企业不受侵袭。

护城河，这个概念源自古代的城堡防御系统，在这里意味着一种围绕企业的持久竞争优势，可以保护企业免受竞争者的攻击。在现代商业战略中，护城河依旧是企业稳固市场地位的重要因素。

其一，无形资产。如品牌力、专利矩阵等，这些无形资产能够为企业带来独一无二的价值。

其二，规模效应。随着规模的扩大，单位成本下降，形成成本优势。

其三，用户转换成本。一旦用户习惯了某产品或服务，转换到其他品牌的成本变高，从而提高用户黏性。

其四，平台效应。平台规模越大，其价值和吸引力就越大，单位获客与运营成本越低，单位客户的净贡献值就越高，形成正向的增长循环。

其五，网络效应。如果网络中只有少数用户，他们不仅要承担高昂的运营成本，而且只能与数量有限的人交流信息和使用经验。

随着用户数量的增加，这种不利于规模经济的情况将不断得到改善，每名用户承担的成本将持续下降，同时信息和经验交流的范围得到扩大，所有用户都可以从网络规模的扩大中获得更大的价值。此时，网络的价值呈几何级数增长。

然而，在精益创业的实践中，创业者往往会被一些虚假的护城河迷惑。这些包括但不限于政府关系、研发团队的实力、销售能力、渠道优势、价格策略。

虽然这些因素在某种程度上可以为企业带来短期的优势，但它们并不能形成持久的竞争壁垒。随着市场的变化，这些所谓的优势很快就会被竞争对手迎头赶上，甚至超越。

真正的护城河能够形成所谓的飞轮效应，即随着时间的推移，这种优势能够自我提高，使得企业与竞争对手之间的差距越来越大。这种飞轮效应的形成，需要创业者从一开始就投入资源去构建，并持之以恒地维护和加强。即便面对规模远大于自己的竞争对手，拥有真正护城河的企业也能保持市场的领先地位。

在快速变化的商业环境中，构筑并维护护城河的过程，本质上是对创业项目核心竞争力的持续投入和优化。只有那些能够识别并构建真正护城河的创业者，才能在激烈的竞争中稳固自己的市场地位，最终成为行业的领导者。

第五节 AIGC 精益创业中的加速器

在精益创业的浪潮中，AIGC 技术的应用开启了一个全新的维度，为创业者提供了前所未有的速度和效率。AIGC 不仅是一个工具，更成为创业过程中的核心竞争力之一。以下是 AIGC 在精益创业中的四个关键应用场景和价值所在。

一、快速生成 MVP 原型，降低试错成本

AIGC 的一个显著优势是能够快速生成产品原型。在精益创业的早期阶段，创业者需要验证他们的想法是否能够得到市场的认可。传统的方法可能需要大量的时间和资源投入，而 AIGC 则能够在短时间内生成产品界面、设计图乃至代码，极大地加速了产品从概念到原型的过程。这不仅降低了试错成本，也让创业者能够更快地获取市场反馈，从而对产品进行及时的迭代和优化。

在进行最小可行产品（MVP）测试和市场验证时，AIGC 的价值更是不言而喻。例如，将中国国内的爆款产品，在东欧国家小体量市场测试为例，AIGC 能够快速地将产品详情页、效果图、短视频等内容转换成目标市场的语言和风格。这样，创业者不需要实际将产品运输到目标市场完成销售就能在网上完成初步的市场测试，进而快速获得是否继续推进的明确结论。这种快速迭代和市场验证的

能力，是精益创业成功的关键。

在精益创业的理念中，保持低成本和快速迭代是至关重要的。AIGC 技术正好满足了这一需求，它能够帮助创业者在不增加太多成本的情况下，快速生成和测试各种想法。无论是产品设计、市场推广材料的制作，还是用户交互体验的模拟，AIGC 都能提供高效的解决方案。这不仅加速了测试进度，也让创业团队能够更加聚焦于核心价值和用户需求的探索。

二、重新定义产品设计，提升用户体验

在精益创业的过程中，优化产品的设计不仅是提升用户体验的关键步骤，也是确保产品在激烈的市场竞争中脱颖而出的重要策略。AIGC 技术在这一领域展现出了前所未有的潜力和价值，它正重新定义着产品设计的过程和成本。

过去，对用户数据的分析和根据用户反馈进行产品设计优化，往往需要整个团队的密切配合，耗费大量的人力和时间。然而，AIGC 的出现，使得这一切变得简单高效。现在，可能只需要一个员工配合一系列组合式 AI 工具，或是一个产品经理与运用 AI 工具的外包公司合作，就能完成大部分的设计工作。这不仅极大地降低了产品设计的成本，也提高了工作效率。

通过 AIGC 工具，创业者可以生成精确的用户画像，深入了解目标用户群体的偏好和需求。然后，根据这些数据驱动的洞察，进行产品功能的设计和调整。这种基于用户画像的设计方法，使得产品

更能贴近用户的实际需求，提高产品的市场接受度。

AIGC 还能分析市场上热门产品的元素和风格，帮助创业者快速设计出具有相似风格的产品。重要的是，这种设计并不是简单地模仿，而是在提炼出核心元素和风格的基础上，根据自己的细分市场和用户特点进行针对性的调整。这种方法不仅能加快产品上市的进度，也能确保产品具有独特性，满足特定用户群体的需求。

利用 AIGC 优化产品设计的过程，大大加速了前期产品上市的进度。在精益创业的背景下，这意味着创业者能够以更快的速度进入市场，更快地获取用户反馈，从而进行下一轮的迭代和优化。这样的快速迭代循环，是精益创业成功的关键。

三、低成本的营销革新，提高营销效率

在精益创业的旅程中，高效且成本低廉的营销策略是夺取市场先机的关键。随着 AIGC 技术的崛起，它为创业项目带来了前所未有的营销优势，尤其在个性化营销内容的生成、提升营销效率以及降低营销成本方面展现出巨大的潜力。

想象一下，如果创业者能够对每个潜在客户说出他们想听的话，展示出他们想看的内容，那么转化率会有多高？AIGC 技术就像是一位魔法师，可以根据用户的行为、兴趣甚至情绪，快速生成个性化的营销文案、海报和视频。这不仅提高了用户的参与度，也提升了营销活动的转化效率。

在过去，创造一篇引人入胜的营销文案或一段吸引眼球的视频，

可能需要花费数天甚至数周的时间。而现在，借助 AIGC 技术，这些内容的生成时间可以缩短到几小时甚至几分钟。这意味着创业者可以更快速地响应市场变化，实时调整营销策略，确保营销活动始终保持新鲜感和吸引力。

在创业项目的早期，资金往往比较紧张，因此，寻找低成本且高效的营销渠道至关重要。小米手机在早期通过对微博等自媒体、小米社区论坛以及创始人个人 IP 的运用，成功获得了超乎寻常的关注度与影响力。在这种背景下，AIGC 技术的价值更加凸显。它能够帮助创业项目以极低的成本实现高质量的营销内容生产，从而使得有限的营销预算发挥出最大的效用。此外，AIGC 技术还可以帮助创业者精确地定位目标用户，避免资源浪费，进一步降低营销成本。

在激烈的市场竞争中，能够有效利用 AIGC 技术的创业项目，就像拥有了一件超越竞争对手的新武器。它不仅能够帮助创业者快速捕捉市场机会，还能够在资源有限的情况下，实现营销活动的效果最大化。随着 AIGC 技术的不断发展和完善，它将成为精益创业不可或缺的一部分，帮助更多的创业项目实现从 0 到 1 的飞跃。

四、重塑生产组织运营，提高生产效率

在精益创业的探索之旅中，提高生产效率一直是追求的重点。随着 AIGC 技术的崛起，它向我们展示了一个全新的可能性——通过智能化的生产组织和运营，创业项目可以实现前所未有的生产效率。

想象一下，如果创业公司不再追求规模的扩大，而是专注于保

留自己最具竞争力的产品模块，其余部分则通过社会化分工合作来实现。这种模式在过去可能会因为高昂的交易成本而变得不切实际，但 AIGC 技术的应用却使得实现这一梦想成为可能。通过智能化的工具和算法，企业可以以更小的规模，支撑更大体量的市场和服务，同时保持敏捷和灵活，迅速响应市场变化。

在无边界组织的理念指引下，AIGC 技术能够显著降低交易成本。通过自动化的流程和智能化的决策，创业企业可以有效地管理外部资源，使得社会化分工合作成为现实。这种模式不仅提高了生产效率，还减少了不必要的管理层级和复杂的沟通链路，使得企业能够更加专注于核心竞争力的发展。

借助 AIGC 技术，未来的创业公司可以在保持小公司规模的同时，发挥出大公司的影响力。这种模式成功的关键在于，企业能够利用智能化工具，高效地管理分散的资源和合作伙伴，保持组织的灵活性和敏捷性。这样的组织不仅能够快速适应市场变化，还能够以更低的成本和更高的效率，探索和占领新的市场机会。

AIGC 技术在提高生产效率方面展现了巨大的潜力。它不仅能够帮助创业企业以更小的规模发挥更大的影响力，还能够降低交易成本，提升生产和运营的效率。在这个快速变化的时代，能够有效利用 AIGC 技术的创业项目，将能够在竞争激烈的市场中保持领先地位，实现可持续的发展和增长。通过智能化的生产组织和运营，未来的创业公司将能够保持小公司的敏捷性，同时拥有大公司的市场服务能力，开拓属于自己的蓝海市场。

在精益创业的航程中，AIGC 技术犹如一股强劲的力量，为创业者开辟了一片全新的天地。从快速生成 MVP 原型、重新定义产品设计、低成本的营销，到重塑生产组织运营，AIGC 在每一个环节都展现出了它的价值。

通过 AIGC，创业者可以在资源有限的情况下，迅速验证市场，精准打造用户所需的产品，同时，以更小的规模达到更大的市场服务能力。这种高效、低成本、快速迭代的新模式，为精益创业的成功提供了全新的路径。AIGC 技术的运用，不仅降低了创业的门槛，也使得创业过程中的每一步都更加精准、高效。

第五章

未来篇

2024 年 2 月 16 日，在 ChatGPT 掀起 AIGC 热潮时隔一年后，OpenAI 再次发布史诗级的更新。OpenAI 发布重磅产品——文字生成视频的 Sora 模型，AI 界将迎来新一轮革命。

Sora 模型是一个文生视频产品，在这之前最火的几家 AI 视频公司 Midjourney、Runway 和 Pika Labs，文字生成的 AI 视频长度都在 4~6 秒。Sora 使用 Transformer 架构，建立在 DALL·E 3 和 GPT 模型之上，可以生成长达一分钟的有运动、多机位的视频。相比业界水平，Sora 将视频生成的时长一次性提升了 15 倍，直接跨越了市面上所有自动生成短视频工具的时长阻碍。

Sora 展示了人工智能在理解真实世界场景并与之互动的能力，它能够模拟真实物理世界的运动，例如，物体的移动和相互作用，因此 Sora 带有世界模型的特质。所谓世界模型，是要对真实的物理世界进行建模，让机器像人类一样，对世界有一个全面而准确的认知。

世界模型不是 AI 视频生成的必须要素，却是这个领域较为高端的一个研究方向。视频与文字不同，大多数是在描绘一个主体，在一个真实或虚构的物理世界中的动作。因此，世界模型会让 AI 视频的生成更流畅、更符合逻辑。那些卡在瓶颈上的领域，如自动驾驶、智慧城市，或将迎来突破。随着技术的不断深挖，未来 Sora 将会在更多领域得到推广应用。

OpenAI 表示，Sora 将推动通用人工智能（Artificial General Intelligence，AGI）的加速发展。该公司称，他们正在教授人工智能理解和模拟运动中的物理世界，目标是训练模型帮助人们解决需要，现实世界交互的问题。

Sora 的问世也引爆了中国科技圈，360 创始人周鸿祎发布微博称，Sora 的诞生意味着 AGI 的实现可能从 10 年缩短至两年左右。他表示："有了大模型技术作为基础，再加上人类知识的引导，可以创造各个领域的超级工具。"①

中国 AI 科技与商业界经历了近一年的穷追猛赶，不得不面临一个残酷的事实，中国大模型总体与 OpenAI 的差距不仅没有缩小，反而拉大了，不仅是与中国科技界比较，OpenAI 对全世界的其他大模型公司也形成了"断崖式的领先"。OpenAI 的领先与 Sora 模型的发布生动地阐述了"指数型技术"的特征与发展趋势。

一、奇点临近

奇点大学是由谷歌、美国国家航天航空局以及若干科技界专家

---

① Sora 炸裂 OpenAI 估值飙升！多家巨头谋划布局 AI 基础设施［EB/OL］. 网易网，2024-02-17.

联合建立的一所新型大学，它旨在解决"人类面临的重大挑战"。其研究领域为合成生物学、纳米技术和人工智能等。奇点大学由未来学家雷·库兹韦尔（Ray Kurzweil）带领，其校名来自他的《奇点临近》一书。库兹韦尔预言，人工智能领域存在一个"奇点"。跨越这个临界点，人工智能将超越人类智慧，人类将与机器融为一体，实现"永生"。

作为奇点大学创始人之一的彼得·戴曼迪斯（Peter Diamandis）认同库兹韦尔的观点。他也认为随着纳米技术、生物技术和信息技术等以几何级数加速发展，人类的智能在未来几十年中将会大幅提高，人类未来命运也将发生根本性改变。只有融会贯通地运用高速发展的新技术，才能解决人类面临的能源、环境、医疗和贫困等问题。这个观点成为他的《富足》与《创业无畏：指数级成长路线图》的主题。

二、未来呼啸而来

湛庐文化推出了戴曼迪斯的《未来呼啸而来》一书。戴曼迪斯扩展了前两本书的思想，研究当某些独立加速发展的技术和其他独立加速发展的技术融合时会发生什么。他总结了当前正在飞速发展的九大指数型技术，推演了未来将被完全重塑的八大行业。"融合"是《未来呼啸而来》的关键词，因为"当某些独立加速发展的技术与其他独立加速发展的技术融合时"，奇迹就可以产生。① 《未来呼啸而来》是戴曼迪斯和史蒂芬·科特勒（Steven Kotler）最新的合作成果。这本书与《富足》《创业无畏》构成了"指数型思维三部曲"。

当前正在飞速发展的九大指数型技术指的是量子计算、人工智能、网络、机器人、虚拟现实与增强现实、3D 打印、区块链、材料科学与纳米技术、生物技术。而未来将被完全重塑的八大行业是零售业、广告业、娱乐业、教育业、医疗保健业、长寿业、商业和食品业。这些只是正在发生和即将发生的重大变革。之所以这些行业将发生变革，是因为人工智能、云计算、基因编辑、纳米技术、先进制造科技已经在各个领域蓬勃展开，出现了类似摩尔定律这样指数型增长的规律，而这些科技突破正在相互叠加，于是科技创新的速度就迅速加快。

三、指数型技术加速

"指数型技术加速"是一个重要的概念。任何一种技术，只要它的功率翻倍，而价格却在不断下降，就可以称为指数型技术。摩尔定律就是一个经典的例子。所谓的摩尔定律指的是，集成电路上可容纳的元器件数目每隔 18~24 个月就会增加一倍，而其性能也将提升一倍。这一定律揭示了信息技术进步的速度。

---

① 潘启雯. 价值盲盒：精英的见识、探索和我们的时代 ［M］. 深圳：深圳出版社，2023：378.

指数型技术融合是一个加速器。因为融合，世界的变化迅速加快。在这个时代，跟上变化的步伐并不容易。有很多在 2018 年算得上最前沿的公司，到了 2019 年年底就已经被淘汰出局了。毫无疑问，未来十年将充满根本性的突破和改变世界的惊喜。每一个主要行业很快就会被彻底重塑。对企业家、创新者、投资者，甚至任何一个足够灵活和富有冒险精神的人来说，都将会有不可思议的机会。这将是一个到来得比你的想象更快的未来，也将成为世界上迄今为止最伟大的想象力舞台。

指数型技术的发展和融合正在为人类开启前所未有的未来，从农业革命到工业革命，再到信息时代，每一次技术革命都深刻地改变了人类社会的面貌。现在，我们正站在又一次历史性的转折点上，面对即将到来的变革，我们需要认识到创新的重要性，并积极参与其中，以塑造一个更加繁荣、智能和可持续的未来。在未来几十年至一百年内，随着新技术的不断涌现和融合，我们有理由相信，人类文明将经历一次空前的变革，而创新将是引领我们走向未来的第一驱动力。

在本章中，我们将探讨以下主题。

第一，在通用人工智能可能提前到来的今天，我们能够预测未来吗？第二，在充满未知和不确定性的时代，如何安然自处？第三，在指数型技术加速融合的未来，普通人如何进化成为超级个体？

第一节　关于未来的预测绝大多数都是错的

在最近 200 多年人类历史中，人们常常试图寻找那些能够揭示未来秘密的钥匙。但我们面对着一个让人沮丧的真相：即使是最著名的未来学家、最权威的技术预测专家，乃至最科学的预测模型或方法，其在长期预测上的准确率惊人的低，高达 80% 的预测是错误的。这一现象不仅揭示了未来本质上的不确定性，还反映了人类在预测未来时固有的局限性。

一、20 世纪关于未来的预测

这样失败的例子比比皆是，以 20 世纪六七十年代极受欢迎和尊重的未来学家赫尔曼·卡恩（Herman Kahn）为例。1977 年，他在 *The Next* 200 *Years*：*A Scenario for America and the World* 中做出了大胆的预测。然而，以最宽松的标准来评价，他的错误率也超过了 75%。这些预测当时可能看起来既合理又充满希望，但与 21 世纪初的实际情况相比较，大多数预测都未能成真。

进一步地，我们再看美国在 20 世纪 60 年代被认为最权威的预测机构和《产业研究》杂志的预测。他们曾预言到 1977 年，我们将拥有居住在月球上的基地、个人使用的直升机、三维彩色电视会议等。到 1980 年，将出现商用载人火箭、抗各种自然灾害的廉价房屋，乃至使用核能的月球基地。到 1990 年，自动驾驶汽车将成为常态，机器人将在军队中取代人类。然而，这些雄心勃勃的预测大多数并未实现，或者其进展极为有限。

更不用说，1955 年，美国德怀特·戴维·艾森豪威尔（Dwight David Eisenhower）总统的特别助理哈罗德·爱德华·斯塔森（Harold Edward Stassen）所做出的关于核能将带领人类进入一个没有饥饿、粮食永不腐烂的新世界的乌托邦式预测。而《产业研究》在 1969 年对未来十年的预测——人类寿命将达到 150~200 岁——直到今天也未成为现实。

二、被轻易忽略不期而至的未来

在我们的预言世界中，似乎总有一些技术发展被轻易忽略，直到它们悄然崭露头角，彻底改变了我们的生活方式。许多重大的突破性技术，包括电力、电话、灯泡、收音机、电视、雷达、原子能、喷气推动器、太空旅行、蜂窝电话、磁盘，以及 GUI（Graphic User Interface，图形用户界面）等，都是在专家们毫无预警的情况下诞生的。这些技术的出现，对那些坚定不移地认为已经对未来有所掌握的人来说，无疑是重大打击。

更加引人深思的是，直到 20 世纪 50 年代，字典中"计算机"（computer）的定义还是"用手计算的人"。即使在 20 世纪 40 年代末，第一台真正的计算机问世后，美国的专家们仍旧认为全国只需要 4 台这样的机器。此后 40 年里，PC 的销量呈现出爆炸性增长，而 20 世纪八九十年代的 IT 界的精英也难以想象，短短 20 年后，智能手机与移动互联网的兴起，逐渐取代了传统电脑。

以上这些例子不仅展示了预测未来的困难性，也揭示了一个更深层的原理：人类的思维受到了当下时代环境的极大限制。我们的想象力、预测和理解能力往往被自己所处的技术、文化和社会环境所限制。当面对未来，特别是技术的未来时，我们很难跳出这个框架，做出超越当前时代的准确预测。

三、我们能够预测 AI 的未来吗

那么，当 AI 技术如同风暴一般席卷全球，引发关于未来工作、社会结构乃至人类命运的广泛讨论和担忧时，我们应该如何应对？历史上的错误预测提醒我们，对于未来的担忧往往是基于对当前技术和社会状况的过度外推。尽管 AI 的发展确实带来了一系列道德、社会和经济的挑战，但它同样开启了无限的可能性，为解决人类面临的长期问题提供了新的工具和路径。

面对 AI 的未来，我们不应该过分担忧或焦虑，我们应该认识到，未来不是预先设定好的轨迹，而是由无数个决策、创新和选择共同塑造的。这意味着我们每个人都有责任参与到这个过程，我们有能力也有责任通过今天的选择和行动来影响未来的走向，通过积极的态度和开放的心态，共同创造一个我们希望生活的未来。

第二节　复杂性系统与不确定的未来

不确定的未来，只能预测概率，而非准确性……在任何一个特定的"世界"中，人与人之间的相互作用放大了微小的随机波动，从而产生了无法预测的结果……当我们尝试用概率来思考未来可能发生的事件时，会遇到这样的困难，我们会偏好于那些对已知结果的解释，而忽略其他可能性。

——著名复杂科学学者、微软研究院首席科学家邓肯·J·瓦茨《反常识》①

一、简单系统与复杂系统

在这个世界上，简单与复杂构成了一个极端的对比，它们共同描绘出了我们生活的宏伟画卷。在《几何原本》中，欧几里得以其天才的智慧构建了一个简洁而精确的几何世界，其中的每一个定理都是通过严格的逻辑推理得出的，展示了简单系统的可预测性。正如在欧氏几何的纯粹世界里，一切看似都能通过推导和计算得到明确的答案。

---

① 瓦茨. 反常识［M］. 吕琳媛，徐舒淇，译. 成都：四川科学技术出版社，2019：128-129，序15.

然而，当我们将目光转向生命的大系统，事情变得复杂起来。在微观层面，所有生命的 DNA 结构展现出惊人的相似性，这些生命的遗传蓝图——DNA 分子的碱基排列，以其几何般的精确度，允许我们通过重新编码来培育出具有特定特性的转基因作物，仿佛我们能够掌控生命的秘密。

但是，当视角扩大到宏观层面，复杂性成倍增加。无数的动植物、微生物、地理和气候条件，以及人类活动的相互作用，构成了一个错综复杂的网络。不仅如此，地球与月球、太阳以及其他大质量行星之间的相互影响，使得我们居住的这个世界充满了变化和不确定性。在面对如此复杂的系统时，尽管人类努力构建各种模型来进行解释，在我们预测这个世界将会如何变化时，却经常感到无能为力。

更具挑战性的是，对于通用大模型的出现和其未来发展的影响，我们仍处于探索阶段，面对未知，我们只能用"涌现"这样的词汇来描述，这显得既模糊又神秘。试图预测这样的系统，就像是一只巨大的蝴蝶在太平洋的另一端不停地扇动翅膀，而我们——远在亚洲某个沙滩上的人们——只能在面对突如其来的海啸时感到震惊和困惑。

这种情形揭示了一个深刻的原理：越是简单的系统，其未来越容易被预测；而对于复杂的系统，则几乎无法准确预见其未来的变化。这不仅挑战了我们的智慧和创造力，也提醒我们要保持谦逊，接受我们对这个世界理解的局限性。

二、大模型：人工智能的冰山一角

在 2023 年，华为公司推出了盘古 3.0 大模型，这一事件象征着人工智能领域的一个重大突破，预示着技术变革的新纪元。想象一下，一个庞大的"冰山"漂浮在海面上，我们所能看见的只是它的一小部分，而隐藏在水面下的，是支撑这一切的庞大基础设施——强大的算力资源、服务器群、人工智能框架以及开发平台，如图 5-1 所示。

图 5-1　盘古大模型

注：图片引用自浙商证券报告《华为 AI 盘古大模型研究框架》。

进一步探索这个"冰山"，我们会发现它由三层结构组成：底层的 5 个基础大模型构成 L0 层，中间层的 N 个行业大模型形成 L1 层，而顶层的 X 个细分场景应用则是 L2 层，形成了一个"5+N+X"的复杂体系。这个结构不仅展示了华为大模型的技术架构，也象征着 AI 技术在社会各领域应用的广泛性和深度。

　　普通人和绝大多数企业、组织能够直接接触到的是这些大模型引发的技术变革，以及随之而来的行业应用新形态。这些变革正逐渐构建起一个更为复杂的商业和社会生态系统。回想 2007 年苹果推出第一代智能手机，开启了移动互联网时代，那时的变革已经深刻地影响了我们的生活。但是，如果我们能够回到那个时刻，我们是否能够预见之后发生的一系列变化呢？

　　人工智能的变革，无疑将比移动互联网更加深刻，影响更为底层。在我们这个时代，即便是所谓的资深"专家"，对于 AI 未来的预测，也可能大部分是错误的。变革的速度和影响的深度，远超我们的想象。

　　在这一变革浪潮中，唯一可以确定的是，无论 AI 如何发展，对底层算力的需求将是巨大且不可或缺的。正如地球上的生命系统，所处结构越底层，其结构和功能越简单，确定性越高；而越是往上层走，面对的就是越来越复杂的系统，充满了未知和不确定性。这个事实提醒我们，面对未来，我们需要保持开放和适应的心态。技术的每一次飞跃，都是对旧有认知的挑战，也是对未来可能性的探索。在人工智能这场变革中，我们不仅是观察者，更是参与者和创造者。我们的任务，是在这个不断变化的技术景观中找到自己的位置，利用 AI 带来的无限可能，去塑造一个更加智能的、我们希望达到的未来。

第三节　面对未知与不确定的未来如何安然自处

为什么伟大不能被计划：对创意、创新和创造的自由
探索

——OpenAI 科学家 肯尼斯·斯坦利（Kenneth Stanley）

和乔尔·雷曼（Joel Lehman）

我们正站在变革的大时代的门槛上，面临的不仅是变化本身，还有变化的加速度，这让整个世界变得更加复杂，充满了不确定性。在这样的时代，作为普通人和各类组织，我们如何能够在涌动的变革中寻找到一片安宁之地呢？

用一个形象的比喻来思考这个问题：想象一场巨大的台风正在狂暴肆虐，带着狂风暴雨，所到之处一片混乱。然而，在这场台风的中心，存在一个台风眼，在这里却是风平浪静、晴空万里。这个现象提醒我们，在动荡与静穆之间，总存在着一种神奇的平衡。这个平静的"台风眼"，象征着我们在变革中可以寻求的"确定之地"。

就像在人工智能的发展中底层算力和根技术的重要性，它们简单而确定，构成了技术进步的基石。如果我们能够在自己的内心深处找到这样的"确定之地"，那么我们就能以不变应万变，在变革的

时代中保持内心的平静与明晰。

然而，通过逻辑思考与头脑风暴，并不能帮助我们找到这个"确定之地"。意识本身就像是一个永不停歇的风暴，尽管大脑是已知世界中最复杂的器官，经历了亿万年的进化，但面对人工智能的飞速发展，它的进化速度和效率显得远远不够。

我们的"确定之地"藏在心灵深处，这是一个长期被忽视的领域，但它却是我们创造力的源泉，是我们内在的底层根技术。这份创造力的源泉是与生俱来的，它由以下三个部分构成。

天赋（talent）：每个人都拥有在某些方面远超他人的特质禀赋。

激情（passion）：对某些事情能够全身心投入并乐在其中的激情。

信念（conviction）：面对不确定性、不被认可和困难局面时坚定不移的信念。

在当今时代，绝大多数人未能认识到这份天赋的巨大价值，或者无法充分发挥它们，创造出真正的价值。他们被卷入变革的狂风之中，试图寻找一条看似能够拯救自己的生命线，或依附于某个看似强大的支点，希望在这场变幻莫测的风暴中找到一处栖身之地，实现自己的梦想和目标。但这样的尝试往往是徒劳的。

在这个变革的大时代中，唯一不变的真理就是变化本身。我们不能仅仅依靠外部的力量来寻找安全感和确定性，而应该深入自己的内心，挖掘那些深藏的、与生俱来的创造力源泉。通过认识和发挥自己的天赋、激情和信念，我们才能在这个充满挑战的时代中找到自己的"确定之地"，以稳定的心态面对未来的不确定，创造出真正的价值和意义。

因此，面对未来，我们不应该被恐惧和不确定性困扰，而应该勇敢地探索自己的内心深处，发现那些可以使我们在风暴中保持平静的内在力量。通过不断地自我探索和自我实现，我们可以在变革的浪潮中稳如磐石，不仅生存下来，还能够茁壮成长，最终成为引领变革的力量。这是我们每个人都能够努力达到的目标，也是我们在这个变革时代中最宝贵的追求。

我们人生如同一个 RPG（Role-Playing Game，角色扮演）游戏，每个人都被赋予了独特的天赋、无尽的激情与坚定的信念。这些宝贵的资源就像是开局时分配给主角的潜力点数，等待我们去逐步挖掘和实现。然而，如果我们仅仅满足于在"新手村"的安逸，未曾踏出探索这个广阔世界的一步，那么这些内在的潜力也将永远是潜在的、未被发掘出来的。

在这个快速变化的世界中，我们每个人都在自己的成长旅程上。要想在这趟旅程中脱颖而出，不仅需要勇气，还需要一份明确的自我认知和不断地自我更新。下面，笔者将描绘一条从新手村出发，勇闯广阔天地的成长之路，这条路分为六个阶段：自信、破界、回归、定位、迭代，以及时间。

第一阶段，自信：起点之勇。成长的旅程始于自信。深入探索并确认内心深处的天赋、激情和信念，这三者是内在力量的源泉。在它们的基础上建立起的自信，将成为踏出舒适区、勇敢探索未知世界的第一步。

第二阶段，破界：认知之突破。接下来，需要在认知层面上破除界限。将视野扩展到那些以惊人速度发展的新兴趋势、市场需求或行业中。通过学习和理解，将自己从旧有的思维框架中解放出来。虽然这个过程充满挑战，但正是这些挑战构成了成长的关键。

第三阶段，回归：核心能力之寻。在行动上，回归到核心能力上来。那些可以充分发挥天赋和激情的事务，才是真正的强项。在新兴的趋势中审视这些核心能力，探索它们是否可以带来新的机会。这一步极为关键，如果对自己内在天赋与自我缺乏确定感，被层出不穷的新理念迷惑，不停地去追逐新技术带来的红利，而不能回归，去审视自己多年积累下的经验与核心能力，就如同在水面漂浮无根的浮萍，难以真正扎根成长，开花结果。

第四阶段，定位：生态位之寻找。在新趋势的探索和自我核心能力的回归之间，寻找一个适合自己的生态位。这个位置应该是能继续做自己擅长的事情的位置，也是一个充满未知但前景广阔的新领域。在这里继续展现自己的专长，同时也面对着新的挑战和机遇。

第五阶段，迭代：不断更新之路。在实际的行动中，会遇到新的人和新的事物，它们将迫使人不断学习和更新自我。面对这些挑战，会发现自己内在的激情和创造力正涌动着，这是一个不断自我迭代和成长的过程。

第六阶段，时间：成长之耐心。最后，要相信时间的力量。随着不断地自我更新和成长，时间将会放大成果。虽然在这个过程中可能会遇到各种困难和挑战，但内在的信念将是最坚强的后盾，这正在一步步接近自己的目标。

在这个成长之旅中，当遭遇挫折，感到孤独或不被理解时，记得返回到"确定之地"。这就像是在游戏中遇到失败或疲惫时，可以使用道具回到一个安全的地方进行休息和疗伤，汲取力量。在这个安全的避风港，重新确认自己的天赋、激情和信念，然后再次踏上旅程。

这条成长之路不仅是一场冒险，更是一次自我发现和实现的过程。它教会我们，每个人都拥有改变游戏规则的力量，只要我们敢于探索、不断学习并坚持自己的信念。在这个变革的时代，唯有那些勇敢踏出新手村、不断探索和成长的人，才能够把握住属于自己的未来。

第四节　超级个体登上历史舞台①

个体崛起这个词，对那些沉浸在数字世界的人们来说并不陌生。回望过去 10 年，移动互联网的兴起与发展，其速度之快、影响之广，远超我们的想象。

仅仅通过几次点击，世界各地的信息、知识和资源便汇聚到面前，地理的界限、时间的限制似乎瞬间消融。互联网这个连接世界的工具，使得知识的传播和获取不再是少数人的特权。每个人都可以成为知识的接受者，更可以是知识的创造者。在这个平台上，每个人都有机会展示自己，分享自己的故事，表达自己的观点。这正

---

① 内容部分引用自胖掌柜著作：《超级个体的秘密》，有节选。

是我们这个时代的标志——个体崛起的时代。

而超级个体这一概念，更是一种新兴的职业生态，代表着未来工作的一种可能性。AI 技术的发展与延展，将为许多进入职场的人，在打工人与创业者之间找到了一条全新的路径。

我们熟知的两个角色——打工人与创业者，各有其成长路径的终极目标。对于打工人，成为职业经理人或高管是他们职业生涯的顶峰；而对于创业者，则是成为企业家或资本家。然而，在这两者之间，存在着一类人群，他们既不完全是传统意义上的打工人，也不完全符合创业者的标准定义。他们就是所谓的自由职业者。

自由职业者，这一群体的职业类型涵盖了副业、兼职、接私活、参与众包项目、灵活就业、斜杠青年，以及零工经济等多种工作形态。他们的共同特点是拥有高度的自主性和灵活性，但如果我们要在这个群体中找到顶级状态的存在，那就是超级个体。

那么，什么是超级个体呢？简而言之，超级个体是那些精通一项或多项专业技能，并能通过这些技能实现商业变现，最终脱离传统雇佣关系依附，成为一种复合型人才的个体。这种复合型人才，我们也称之为 T 型人才，即在某一专业领域有深度的知识和技能，同时也具备跨领域的广度知识和能力。

从超级个体的定义出发，我们可以提炼出三个关键要素：核心能力、悦己为先、创造价值。只有同时满足这三大要素的人，才能称之为超级个体。

一、核心能力

核心能力是成为超级个体的基石，核心能力并不同于一般意义上的专业技能。不同于一般白领工作中的"行活"，它们更为深入，涉及对某一领域内独到的见解与能力。我们常说的"绝活"，往往是基于个人的天赋才华，而这些天赋在后天通过不断地训练与历练得到了进一步的发展和完善。

每个人的核心能力是与生俱来的，等待我们去发现、去探索、去创造，要发现核心能力，就要善做减法。成为超级个体的过程并不是无休止地追求各种技能和机会。相反，真正的智慧在于"减法"，在于能够识别并集中精力于那些能够最大限度发挥自己核心能力的领域。这意味着，我们需要有选择地放弃那些看似诱人但与自己的核心能力无关的机会。这种选择，虽然可能意味着短期内的牺牲，但从长远来看，它将使我们能够更加专注于自己的长处，从而实现超越常人的成就。

意公子，一个以绿衣抱枕、席地而坐的形象出现在屏幕前的女子，用她的镜头和言语，在灰色水泥墙和发黄灯光的映衬下，展开了一场穿越时空的文化之旅。她的视频不需要华丽的布景或复杂的剪辑，就能吸引超过2500万的粉丝。

笔者曾于2022年参加过由混沌学园举办的一场活动，在活动中，意公子分享了她转型做短视频的心路经历。

意公子原名吴敏婕，曾在厦门卫视、厦门旅游广播当过主持人，主持过体育新闻、社会新闻、校园新闻、音乐榜单及闽南话等栏目。2013 年，正当她迷茫自己能在主持人行当干多久的时候，恰巧碰上了刚刚兴起的自媒体，在机缘巧合下，她在北京创立了"意外艺术"。最初，她和团队尝试过许多人文艺术领域的外延，比如，做艺术科普类脱口秀、文博类微综艺、出热销书。作为创始人兼主要内容创作者，她身兼多职，经营、品牌、融资、内容都要管，尽管公司发展势头还不错，一度估值两亿，但她却陷入每天忙碌、焦虑和迷茫的状态。经过一段时间的思考之后，她决定砍掉大部分项目，回到厦门，聚集到一件事情，即做艺术类的短视频。

我们最初做短视频时，讲究"术"，就是技巧方面的东西。比如怎么在前五秒留住用户，等等，但做着做着就发现，只追求"术"，其实丢失了内容的"魂"，反而会丧失我们自己的内容价值观和内容特质。

市场上热点不断，我们在内容选题上有过不同阶段的尝试：从原来我可以讲所有人，缩减到只讲艺术史上感动我的人，再缩减到中国艺术，缩减到我只为找到中国艺术的某一个人，击穿他，录二三十期。于我们而言，比起热点，我更在乎有什么地方能打动我。

我的视频里，说得最多的是苏东坡，因为当我回想中国艺术里面最打动我的人时，他是第一个冒出来的。

我读了苏东坡非常多的材料。而且不仅要读苏东坡文集，还要读北宋的历史，横向去看那个时代发生的事情。再从苏东坡往上追溯至少 4 代，去看苏家是怎么在眉山生根发芽的，苏东坡的祖上发生了什么故事，他的原生家庭是什么样的，为什么会养育出这样的孩子……

　　大家在看我的视频时，可能听完就完了的一句话，甚至是半句话，但我为了这半句话表述的正确性，有时候要找一上午的资料来论证。一句话的功夫背后，我们要做的案头工作是极大的，往往都要去找到知识的原点。只有我们自己弄清楚了前因后果，是非黑白，才能举重若轻地讲出来。就像那句话说的，你必须非常努力才能做到毫不费力。

　　我觉得做短视频博主和我之前做节目、出书，本质上没有什么异同，它们其实都在做一件事情——分享。不同的点，只是在于你的手艺是什么。视频化的表达更符合我的特质，再加上我也赶上了一个好时候，短视频平台的兴起。所以，我们才有机会把中华五千年文化长河中，那些打动我们的人与物，通过一期期视频，一本本书，带进当下人们的生活中。①

二、悦己为先

在这个竞争日趋激烈的时代，我们常常陷入一种误区，以为成功的秘诀全在于外部：分析竞争对手、研究市场趋势、优化商业模

---

① 每经影视频道．专访意公子：我只是一个文学艺术爱好者［EB/OL］．腾讯网，2022-12-28．

式、追求规模的快速扩张。我们如此专注于外在的世界，却往往忘记了最重要的一环——自己。在追求高效、高速、高质量的同时，我们不经意间就陷入了内卷的泥沼，忘记了职场的真正意义不仅是满足客户需求或击败竞争对手，而是找到并追随自己内心的天赋，最大限度地发挥自身的价值。

正如之前讨论的例子，意公子身上有一种独特的哲学——"各安天命"。她相信每个人都拥有独一无二的天赋，而成功的关键在于发现并利用这份天赋，而不是盲目追逐市场的热潮或流量。对她来说，成功不是预设的目标，而是对自己不断学习和探索过程的分享。她的故事告诉我们，真正的成功来源于对自己热爱和天赋的发现与追求。

在职场中，我们往往被要求做到更好、更快、更强，以更低的成本去超越竞争对手。这种外在追求让许多人失去了自我，忘记了工作的本质不仅是赚钱养家，更是一种自我实现的过程。与那些仅仅为了生存而工作的人不同，所谓的超级个体，他们的职业生涯几乎是他们终身事业的一部分。这份事业不仅是对外界的一种贡献，更是一次深入内心、重新发现自己的旅程。

幸福不是一个你要达成的目标或者结果，幸福是你全身心地投入一桩事物，达到忘我的程度，并由此获得内心秩序和安宁时的状态，即 Flow 的感觉，心流的感觉。

——积极心理学奠基人之一、《心流》作者米哈里·契克森米哈赖在追逐职业成功的漫长旅程中，悦已成为超级个体与普通职场人之间的分水岭。悦己的意涵深远——它不仅是在追求职业上的成就时不忘初心，更是在坚持自己的兴趣和热爱中，用独一无二的方式贡献于世。这种由内而外的满足和自我实现，其价值和持久力远超任何外在成就。

《心流》一书的作者深入探究了这一现象，揭示了一个鲜为人知的秘密：在工作中体验到的"心流"时刻，竟然远远超过了休闲和娱乐时间。这一发现不仅颠覆了我们对工作的传统认知，更提供了一个全新的视角来审视我们的职业生活。实际上，我们可以通过三种工作状态来评估自己的职业是否真正让我们感到悦己。

第一种，60分接纳。在这一状态下，虽然工作可能不是我们热爱的，缺乏那种心跳加速的激情，但我们依然能够接受它。因为我们知道，自己需要这份工作。在这种认知下，我们心甘情愿地投入，没有抱怨，能够接纳真实的自我。

第二种，80分享受。当工作本身成为创造的过程，它不仅是一份职业，更是一种滋养。在这种状态下，工作给予我们深刻的内在回报，我们在工作中实现了自我。这种享受来源于对工作的热爱和投入，它超越了物质回报的层面。

第三种，100分热忱。这是工作状态的最高境界，我们不再是在创造工作，而是工作通过我们在创造。我们成了一个管道，让美好的事物通过我们的努力流向这个世界。在这种热忱之下，我们实现了自我超越，达到了职业和人生的高峰。

这三种状态反映了从接纳到享受，再到热忱的转变，它们构成了悦己的核心。悦己的实践不仅能让我们在职场中获得成功，更重要的是，它让我们在追求成功的过程中，找到了属于自己的价值和意义。这份自我实现和内心的满足，是任何外在成就都无法比拟的。在这个追求效率和成果的时代，悦己为先提醒我们，真正的成功不仅是达到职业的顶峰，更是在这个过程中，找到并坚持自己的兴趣和热爱，用自己的方式对这个世界做出独特的贡献。这样的成功，才是最真实、最持久的成功。

三、创造价值

在探索成为超级个体的旅程中，我们已经认识到了核心能力和悦己为先的重要性。然而，如果无法将这些能力转化为创造经济价值的实际行动，那么所谓的超级个体不过是追求自己超级爱好的过程。在今天这个竞争激烈的商业世界中，区分超级个体和普通自由职业者的关键在于创造价值的能力。这可能通过销售产品、提供服务，或是其他商业模式实现。关键在于能够将自己的专长和热情转化为收入，这是成为超级个体的一个重要标志。

要实现这一点，需要掌握四个核心模块，即创造产品、利用流量、实现转化以及高效交付。

创造产品：这是创造价值过程的起点。将专业技能转化为具体的产品或服务，这意味着超级个体需要深入理解自己的专业领域，创造出能够满足市场需求的产品或服务。无论是一本电子书、一门在线课程、还是一项咨询服务，关键在于能够将知识和技能包装成一种可交易的形式。

利用流量：产品再好，没有流量也是枉然。一开始，流量往往来自成本较低甚至免费的渠道，因此，利用流量红利至关重要。以最小的成本吸引潜在客户，如社交媒体、内容营销、口碑传播等，以此来吸引关注并建立起自己的听众或客户群。在这个阶段，创造有价值的内容和建立品牌形象至关重要，关键在于找到最适合的产品和服务的流量来源，并充分利用它。

实现转化：拥有流量后，下一步是转化这些潜在客户为实际购买者。这涉及销售模式的选择和优化，无论是直接销售、在线销售还是通过合作伙伴销售，都需要一个清晰有效的策略来提高转化率。

高效交付：最后一环是如何高效、高质量地交付产品或服务。这不仅能让客户满意，还能形成良好的口碑，为以后带来更多的重复业务和推荐。高效的交付体系是建立在优秀的产品管理和客户服务基础之上的。

这四个模块构成了创造价值的闭环。每一环都至关重要，缺一不可。从产品化专业技能，到通过有效的流量获取和转化策略增加收入，再到通过高效交付确保客户满意和口碑传播，每一步都需要精心规划和执行。

超级个体创造价值的过程，并不意味着必须孤军奋战。事实上，这可以是两三个人或者五个人的小团队共同努力的结果。关键在于这不需要大量的资金、复杂的设备，或是庞大的团队就能开始创业之旅。这种轻创业模式，强调的是以最小的投入，换取当前需要的产出。它适合那些有着创业梦想，但又担心风险和投资的人。

在这个过程中，灵活性和效率成为制胜的关键。随着市场的不断变化，创业计划也需要能够迅速适应这些变化。在之前创业篇中，我们已经探讨了许多在 AI 时代赋能的精益创业的模式，在这里同样适用。

脱离依附是超级个体的终极追求。想象一下，不再是每天早出晚归为别人的梦想辛勤劳作，而是用自己的能力和资源掌握自己的命运，自由地追求自己的梦想。这不仅是一种工作方式的转变，更是一次深刻的生活态度的革命。

在传统的工作模式中，个体通常依附于企业或机构，通过出卖自己的时间和劳动力来获取报酬。这种模式虽然稳定，但大大限制了个人的自由和创造力的发挥。而超级个体，他们打破了这种传统的束缚，通过利用自己的能力和资源，创造出一条全新的职业道路。

成为一个超级个体，并不意味着创业者需要拥有超凡的技能或是巨额的资金。相反，它更多的是一种心态的转变——从依赖转向自主，从等待机会到主动创造机会。他们可能是自由职业者、独立咨询师，或是小型企业的创始人。他们利用网络平台、社交媒体，以及各种在线工具，建立起自己的品牌和客户网络。通过高效的个人品牌营销，他们能够吸引全球的客户，不受地域的限制，全天候地工作。

这种工作方式的灵活性和自主性，为超级个体带来了前所未有的自由度。他们可以自由地选择工作时间和地点，按照自己的节奏和兴趣来安排生活。更重要的是，他们能够直接从自己的创造力和努力中获益，而不是为别人的利益而工作。这种直接的价值转化，让他们的工作更加有意义和满足感。

在这个过程中，社群的力量不容忽视。通过加入或建立社群，与同行交流经验、分享资源，相互支持，共同成长。这种合作和互助的文化，不仅能够帮助他们战胜创业路上的孤独和挑战，也能够开拓更多的机会和可能性。

超级个体的时代已经到来。在这个时代，许多人都有机会通过自己的努力和才华，打破传统的框架，实现个人价值的最大化。这是一个充满挑战与机遇的新时代，让我们一起迎接它，成为那些能够在变革中屹立不倒，甚至引领变革的超级个体。

第六章

国家篇

在过去的几年里，世界经历了前所未有的动荡。从 2020 年开始，新冠疫情席卷全球，随后俄乌、巴以冲突等地缘政治事件层出不穷，再加上中美经济的脱钩，这一系列事件不仅预示着一个大时代的落幕，也标志着一个新时代的开启。在中国，人们将这一系列变化统称为"百年未有之大变局"。

这个大变局与一百年前的情景有着惊人的相似性。1929 年的美国大萧条触发了全球经济危机，这场危机不仅深刻影响了世界经济，也是二战爆发的重要原因之一。战后，世界的政治、军事、经济和社会格局经历了彻底地重塑。如今，我们再次站在历史的门口，面对着新的全球性挑战和机遇。

中国的经济发展尤其引人注目，中国会超越美国从全球制造大国走向科技强国，实现中华民族伟大复兴；还是会就此止步，重演日本"失去的三十年"。要看中国经济 2024—2030 年的走势，我们提供一个简化的模型，即由债务、人口和技术三大要素交织演变的趋势。通过观察中国经济的三个视角，我们可以深入理解中国经济的过去、现在和未来，同时也能从中汲取下一阶段全球化时代的启示。

一、短期看债务：投资的转变

过去几十年，中国的城市化和经济快速增长，很大程度上得益于地方政府的债务驱动模式。这种模式通过大规模的房地产开发和基础设施建设，成功地促进了城市化进程，吸引了大量农村人口进城，为经济发展注入了活力。然而，这种投资驱动的增长模式也带来了高债务和效率低下的问题。

面对这些挑战，中国经济开始逐渐向创新驱动转变。这种转变意味着，投资的重点从简单的量增长转向高质量发展。这不仅是经济结构的调整，更是一次深刻的社会和文化变革，它要求企业、政府乃至整个社会培养创新思维和适应新经济的能力。

二、中期看人口：消费的挑战

人口是任何国家经济发展的基石，中国也不例外。随着人口出生率的下降，中国面临的最大挑战之一是未来的消费空间有限。年轻人口的减少，意味着未来的劳动力市场将收缩，消费需求可能会减弱。这对依赖内需拉动经济增长的中国来说，是一个不容忽视的问题。

解决这一问题的关键在于提升人口的收入水平与消费能力。这需要通过提高教育水平、增加就业机会、提升收入水平以及优化社会保障体系等措施来实现。同时，通过培育新的消费热点和创新消费模式，也可以为消费市场注入新的活力。

三、长期看技术：产业的革命

技术革命是推动经济长期增长的关键力量。从历史上看，每一次技术革命都伴随着经济结构的根本变化和新兴产业的崛起。在当前的全球经济环境中，中国正处于技术革命的前沿，尤其在人工智能、5G 通信、新能源汽车等领域展现出强大的竞争力。

然而，技术革命的道路并不是平坦的。它要求国家、企业和个人不断学习新知识、掌握新技能，同时也需要应对由此带来的就业结构变化和社会适应问题。只有那些能够在技术革命中不断创新并适应变化的国家和企业，才能在未来的经济竞争中获得领先。

回顾日本在 20 世纪八九十年代的经济发展，我们可以发现一些值得吸取的经验教训。当时，日本在汽车、半导体、微电子和家电等领域领先全球，人均 GDP 一度接近美国。然而，由于未能及时适应互联网时代的到来，日本错失了第三次工业革命的机遇，经济增长动力减弱，最终辉煌不再。

第一节　全球经济动荡的两个结构化矛盾

在过去的几十年里，全球经济的脉动一直受到新自由主义和全球化扩张的强烈影响。然而，随着时间的推移，这一过程所固有的矛盾开始显露，其中最为显著的就是供给严重过剩与有效需求不足的结构性矛盾。特别是在欧美市场上，消费需求的下降与中国等新兴市场国家产能的严重过剩形成了鲜明对比。这不仅标志着新自由主义主导下的全球化扩张周期的临近结束，也预示着一个充满挑战和不确定性的新时代的来临。

一、供需平衡的破裂与再平衡

过去 20 年中，中美之间的供需平衡曾是全球经济稳定的基石之一。美国市场对中国产品的高需求推动了中国经济的快速增长，而中国的低成本生产又满足了美国消费者对于便宜商品的需求。然而，随着中美脱钩进程的加速，这一平衡被打破。美国开始从离岸外包转向近岸外包，促进制造业回流，旨在减少自身对中国制造的依赖，提高国内就业率，并掌控更多的供应链安全。

对中国而言，面对中美脱钩的现实，其战略调整是联合俄罗斯、中东、中亚、非洲与南美等资源产出国，以及与东盟等制造业国家重组供应链，"一带一路"便是这一战略的集中体现，并且在中美脱钩中发挥了"压舱石"的巨大作用。这一战略布局不仅是对当前挑战的应对，也是中国为实现经济结构转型和升级，以及在全球经济中更主动地发挥作用所做的长远规划。

二、全球多极化与区域地缘政治的挑战

我们正迎来一个全球多极化加速的时代，这一过程伴随着区域地缘政治矛盾和冲突的加剧。随着美国、中国、欧盟、俄罗斯等大

国以及其他新兴经济体力图在全球舞台上扩大影响力，国际关系变得更加复杂和不确定。大国之间的竞争不仅体现在经济和贸易领域，更涉及军事、技术和政治的领域。

同时，随着全球化的深入发展，区域内部和跨区域的经济联系日益加强，区域地缘政治的矛盾和冲突也在重新制衡中寻求解决。这一过程中，既有可能出现新的合作机会，也可能爆发更多的冲突和对立。

在这充满不确定性的10年中，全球经济核心结构性矛盾"供给过剩与有效需求不足"的问题将更为突出。这一矛盾加上全球多极化和地缘政治的复杂性，预示着我们将面临更加动荡不安的未来。

三、AI第四次工业革命引领全球化未来

在当今这个充满变革的时代，中美之间的竞争已经不仅是两个超级大国之间的较量，而且是深刻影响着全球未来发展方向的战略争夺。在这场争夺中，人工智能作为第四次工业革命的核心力量，成为双方竞争的重中之重。这不仅是一场科技的竞赛，更是经济、产业、军事乃至文化领域全方位的革新。谁能在这场AI科技军备竞赛中抢占先机，谁就能在未来的全球化浪潮中引领风骚，享受到前所未有的新经济增量带来的红利。

（一）科技军备竞赛：AI的前沿

当我们提及技术和军备竞赛，往往会联想到冷战时期的美苏星球大战计划与核军备竞赛。但在今天，这场竞赛的主角是AI。中美

两国作为全球科技创新的领跑者，都深知 AI 技术在未来发展中的决定性作用。从算法研发到芯片生产，从基础理论到应用场景，双方都在不遗余力地推动着自己的 AI 技术走向成熟。在这一过程中，无数创新可能被孕育，新兴产业将如雨后春笋般涌现，预示着一场关于未来领导权的激烈争夺。

（二）新经济增量：AI 带来的红利

随着 AI 技术的深入发展和应用，一个新的经济增量正在形成。这个增量不仅体现在传统产业的升级改造上，更在于新兴产业的创造和发展。AI 技术正逐步渗透每一个经济领域，无论是制造业的自动化、金融服务的智能化，还是医疗健康的精准化，AI 都在发挥着不可替代的作用。而在这个过程中，谁能够更快更好地掌握和应用 AI 技术，谁就能在未来的经济竞争中占据优势，享受技术变革带来的丰厚红利。

（三）标准之争：科技创新的最高层面

AI 技术的影响远不止于经济和产业领域，它还深刻改变着军事和文化领域。在军事上，AI 技术的应用正使战争形态发生根本性变化，无人作战系统、智能化指挥控制等成为可能。在社会和文化领域，AI 技术则改变着人们的生活方式和思维方式，从智能家居到数字娱乐，AI 无处不在。

在 AI 技术的竞争中，最终的胜负往往取决于标准的制定。标准不仅是技术实现的规范，更是影响全球产业发展和国际贸易的重要工具。在这场标准之争中，中美两国都在努力推动自己的技术标准成为国际标准，以此来确保自己在全球产业链中的主导地位。这场关于标准的竞争，实际上是科技创新最高层面的较量，其结果将直接影响到未来世界的技术格局和经济结构。

第二节　AI 时代中美两强竞争

2024 年 7 月，中国科学技术信息研究所发布的《2023 全球人工智能创新指数报告》揭开了一场引人入胜的全球科技大戏。报告中的数据和分析显示，中国的人工智能创新水平已稳步登上世界舞台的第一梯队，在努力缩小与美国之间的差距。在这场没有硝烟的战争中，韩国、英国、加拿大、德国、日本、法国等国家也各展其长，呈现出多极竞争的局面。他们利用自身的发展优势和特色，在人工智能的赛道上奋力追赶。

要想深入理解这场全球范围内的科技竞赛，需要从人工智能的核心技术架构进行剖析。这里包括了算力底座、云服务、算法（主要是大模型）、应用生态与政府监管等五个关键维度。

（一）算力底座：AI 的基石

算力底座，被誉为人工智能的基石。它关乎 AI 系统的计算能力，是支撑复杂算法和模型运行的硬件基础。美国凭借其强大的技术创新能力，长期在这一领域占据领先地位。然而，中国通过持续的投资和研发，已经在某些关键技术上实现了突破，形成了强有力的竞争态势。

在这一基础领域上，美国和中国以 34% 和 33% 的全球总算力份额，构成了无可争议的第一梯队。但在智算中心的建设上，中国则以 45% 的占比，相对于美国的 28%，展现出了领先优势。目前，中国已有 20 个智算中心在运行，随着"东数西算"工程全面启动，全国 8 个算力网络国家枢纽节点、10 大数据中心集群也进入具体施工期，另有 20 个正在建设中，数量是美国的一倍还多。

中国在总算力上略低于美国的主要瓶颈在于芯片技术上的差距。长久以来，单位算力的劣势限制了中国在高性能计算领域的进一步发展。但风云突变，2020 年以后中国的芯片技术迎来了突破性进展，这预示着在算力和规模上对美国的全面超越只是时间问题。

在这场科技竞赛中，英伟达创始人黄仁勋的焦虑显而易见，虽然目前其占据着市场和技术绝对的统治地位。但他深知在这场算力的大潮中，谷歌不愿落后，正积极准备研发生产自己的算力芯片，以降低其对于英伟达的芯片依赖。同时，面对中国市场的庞大规模和快速发展，以及华为昇腾、寒武纪等代表性的 ASIC 芯片技术的崛起，英伟达在 GPU 领域的领先优势正面临着前所未有的挑战。

2024 年年初，OpenAI 的 CEO 萨姆·奥尔特曼（Sam AItman）更是宣布了一个令人震惊的计划：在全球范围内筹集 7 万亿美元资金，旨在构建一个覆盖算力芯片产业链的宏伟项目。这一计划的背后，不仅体现了 OpenAI 对算力重要性的极高认识，也预示着未来科技竞赛的激烈程度将远超我们的想象。

（二）云服务：连接一切的纽带

云服务作为连接用户和算法、硬件的纽带，其重要性不言而喻。

它不仅为 AI 提供了弹性、可扩展的计算环境，更是实现数据存储、处理和分析的关键平台。2023 年，ChatGPT 的问世，不仅展示了令人叹为观止的语言生成能力，更重要的是，它点燃了全球科技巨头之间的 AI 大模型战火。各大公司纷纷加大研发投入，试图在这场"百模大战"中占据一席之地。

随着 AIGC 大模型的兴起，对算力的需求也随之激增。据测算，仅训练一个 ChatGPT 级别的模型就需要 3640PF-days 的算力，这个数字几乎相当于 7~8 个标准数据中心的算力总和。这一需求的激增，为云计算行业带来了前所未有的发展机遇。正如"淘金热"时代的卖铲子者，云计算服务商在这个"卖铲子"的黄金时代中，迎来了巨大的机遇。

在这个背景下，一个关键问题浮现出来：在云计算领域，谁能够抓住这波红利，成为行业的"隐形冠军"？美国的云服务提供商如 AWS、Google Cloud 和 Microsoft Azure 等，早已凭借先发优势和强大的全球基础设施，占据了市场的主导地位。但中国的阿里云、腾讯云等企业也在迅速崛起，通过提供定制化、高效的服务方案，为中国乃至全球的 AI 应用发展提供了有力支持。

面对大模型时代，云计算厂商大体上有两条发展路径：一是构建一体化模式，提供从基础设施到 AI 模型的整体解决方案；二是专注于挖掘云计算的本质价值，为下游企业提供独立的云计算服务。中国抖音旗下的火山引擎选择了后者，坚持"不做大模型，专注做好服务大模型客户的工作"。正是这一战略，让火山引擎以其技术优势、普惠的生态和丰富的实践经验，成为 AI 大模型训练推理的"发动机"。

火山引擎的竞争策略仅是冰山一角，它预示着在 AI 大模型时代，无论是云计算服务商、技术提供者，还是应用开发者，都有机会在这场变革中找到自己的位置，实现价值的最大化。让我们拭目以待，看看谁能够乘风破浪，成为这个时代的"掘金者"。

（三）算法：智能的核心

在美国硅谷的投资人与创业者看来，在 AIGC 这场科技变革的浪潮中，中国正默默构建着自己的平行世界。虽然在西方，中国在这一领域的进展鲜为人知，但实际上，中国的科技巨头和顶尖人工智能科学家们正不懈努力，开发着与 OpenAI 的 ChatGPT 和 DeepMind 的 Gemini 类似的模型。事实上，除了美国的垄断之外，中国已经成为世界上唯一一个自行开发并构建自己模型基础设施的国家。

在生成式人工智能领域，除了 Google、OpenAI 和 Meta 等知名公司外，排名前十的模型开发者中就有 4 家来自中国，包括百度、阿里巴巴等科技巨头，清华大学等顶尖大学，以及北京人工智能研究院等政府支持的实验室，如图 6-1 所示。

中国不仅建立了自己的人工智能框架，如华为的 MindSpore 和百度的 PaddlePaddle，这些框架虽然与西方的主流框架如 PyTorch 和 TensorFlow 不兼容，但已有工具如 Ivy 可以在这些框架之间搭建桥梁，实现技术的融合和互通。

尽管如此，中国在模型的参数数量（一个衡量模型性能的重要指标）方面，相比西方的顶尖模型仍有大约一年的差距，而且随着 OpenAI 发布了 Sora，这一差距有进一步拉大的趋势，与预期中的相

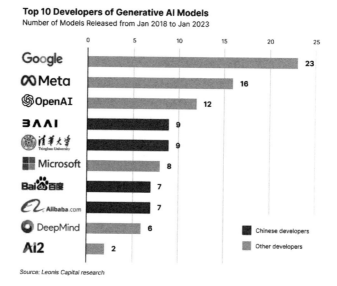

图 6-1　2023 年 AI 大模型十强

图片与数据引用自 Leonis Capital 风险投资基金的 *Chinas Generative AI Landscape and How It Compares to the U.S.*

反，中国的大模型在创新和性能上均落后于美国。

关键的挑战在于顶尖人工智能人才的缺乏，这使得中国很难在短时间内实现超越。虽然中国的实验室在学习和模仿美国的先进技术方面做得很好，但在提出原创模型和推动研究界限方面还有待提高。尽管中国在生成式人工智能领域的进步令人瞩目，但在可预见的未来，它可能仍将紧随美国的步伐。

（四）消费市场应用生态：无限的可能

在全球科技的大潮中，美国在通用大模型方面的应用市场占据着无可争议的领先地位。这一优势是由其深厚的基础研究、丰富的顶尖人才储备，以及全球市场上的品牌声誉共同铸就的。这些因素

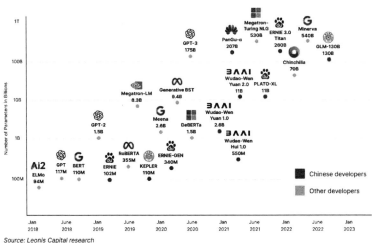

图6-2 大型语言模型（LLM）的参数量级

图片与数据引用自 Leonis Capital 风险投资基金的 *Chinas Generative AI Landscape and How It Compares to the U.S.* 。

共同作用，形成了一个坚不可摧的科技堡垒，短期内难以被其他国家或地区撼动。

虽然从表面上看，中国在消费应用层面似乎落后于硅谷的初创企业生态系统，但这一差距实际上为中国的科技巨头和风投基金带来了前所未有的关注和投资机会。

1. 美国在通用大模型方面应用市场的优势短期内无法撼动

2023 年 11 月 6 日，OpenAI 推出了 ChatGPT 的自定义版本 GPTS，标志着个性化 AI 服务的时代已经到来。用户现在可以轻松创建属于自己的 ChatGPT 版本并与他人分享。紧接着，OpenAI 宣布将推出 GPT Store，正式开启了轻应用时代。这一创新不仅扩大了 AI 技术的应用范围，也为用户提供了更加丰富和个性化的服务。

微软也不甘落后，其 Bing Chat 紧随 ChatGPT 之后，在 2023 年 2 月就取得了市场先机。这一创新让原本市场份额微小的 Bing 搜索引擎焕发新生。在普惠科技方面，微软的表现尤为突出，其云服务全线铺开，而且到了 2023 年 11 月，Copilot 已经深度集成到 Windows 与 Office 生态中，展现了微软在推广 AI 技术方面的独特优势。

在 AI 工具软件方面，以 Office Copilot、Adobe Firefly 为代表的产品已经进入实际生产阶段，市场化进度稳步推进。而谷歌在 2023 年 3 月匆忙推出的 Bard 一时之间差评如潮。但凭借其雄厚的家底，谷歌很快在生成式 AI 生态的完整布局方面取得了突破，推出了 PaLM、新版搜索引擎改进、Duet AI 以及新一代 Gemini 模型，展现了谷歌在 AI 领域的强大实力和快速应变能力。

在移动端，AI 技术的应用也取得了显著进展。谷歌推出的 Pixel 8 系列手机，搭载 Google Tensor G3 芯片，具备丰富的 AI 功能，成为移动 AI 技术的新标杆。而高通和联发科在 AI 芯片方面的进展，更是将生成式 AI 模型带入了普通消费者的日常生活中，无论是在图像处理还是声控照片和视频编辑上，都展现了 AI 强大的能力。

在一级市场的投资方面，美国的态度同样积极。英伟达、微软、Salesforce 等科技巨头成为美国 AI 领域最重要的"独角兽猎手"。他们在一级市场上的大手笔投入，不仅推动了 AI 技术的快速发展，也为美国在全球科技竞赛中积蓄了强大的力量。

2. 中国在消费细分垂直领域里的进展迅速

在 2023 年的风起云涌之中，中国的生成式人工智能技术迈出了巨大的步伐，诞生了一系列能与 OpenAI 和 DeepMind 媲美的通用大模型。然而，中国 AI 模型的发展面临着一个显著的难题——数据鸿沟。与国际领先的数据集相比，国内的开源数据集在规模和质量上仍有较大的差距，这主要是搭建数据集的高昂成本和尚未成熟的开源生态所导致的。

中国的互联网企业，凭借其庞大的用户基础、丰富的应用场景和先进的数据处理技术，在这场竞赛中展现出了不可轻视的潜力。百度文心一言、阿里通义千问、腾讯混元以其全面的能力和持续的技术迭代，在商业化变革中引领潮流。科大讯飞的星火认知大模型凭借其在代码生成和多模态能力上的重大提升，推动了智能编程助手和语言伴侣等产品的发展。智谱清言和字节跳动的豆包分别在对话模型和生活化应用上展现了创新的实力。

相对于西方市场对基于文本的 AI 写作和图片、视频生成工具的热衷，中国在数字人、娱乐应用等领域的发展迅速，由于高质量中文训练数据的稀缺制造了一些困难，但中国的创业团队正通过开发细分垂直领域内应用来寻找自己的路径。

特别是在数字人和电子商务视频营销方面，是中国生成式人工智能发展最迅速的领域之一。中国的数字人物和 AI 形象不仅具有娱乐价值，而且在媒体、娱乐和电子商务行业中得到了广泛应用。这些 AI 形象的受欢迎原因，一方面源于其吸引人的外观和创作者对媒体娱乐的深刻理解，另一方面也因为中国电子商务领域对视频内容的重视。

中国的生成式人工智能初创企业虽然面临技术应用和商业化的挑战，但全球扩张已成为他们成长的自然步骤。中国初创企业不仅在本土市场寻求机遇，也积极探索国际市场，并有望形成自己的竞争优势与壁垒，并且填补美国无法全部覆盖的空白市场，如东南亚、中东、俄罗斯等。

（五）企业市场应用生态：中美各有侧重

当我们谈论企业市场应用生态时，实际上是在讨论 AI 技术如何融入各行各业，创造出新的价值和机会。中国在这方面展现出了极大的活力和潜力，无论是在智能制造、健康医疗，还是在教育、金融服务等领域，AI 的应用都在深刻改变着人们的生活和工作方式。

1. 美国成熟的 SaaS 市场与中国行业定制模式

在美国，一个成熟且强大的 SaaS 市场体系已经形成，得益于企业的付费习惯和一个庞大的开发者社区，这一切构成了一个良性循环，不断推动着市场的发展和创新。然而，中国的情况有所不同。由于企业对软件的付费意愿相对较低，更倾向于为服务而非产品本身付费，这推动了一种独特的商业模式——服务为先，人工智能软件为后的模式，与美国的 SaaS 市场形成了鲜明的对比。

在中国，人工智能公司更倾向于针对几个付费能力强的大行业，如金融、游戏、电商进行深耕，通过提供高度定制化的"应用+服务"，以满足这些行业的特定需求。通过这种方式，不仅能够在特定行业内实现深度融合和应用，也为整个行业的转型升级提供强大的动力。

通过深入行业，理解并解决实际问题，这些企业正在帮助各行各业实现智能化升级，开创新的价值和机会。这种以服务为导向的商业模式，虽与美国的 SaaS 市场有所不同，但正是这种差异化的策略，让中国的人工智能企业能够更加贴近市场和客户的需求，推动技术的广泛应用和行业的深度变革。

2. 垂直领域 AI 大模型

在中国，垂直领域的 AI 大模型正如同一颗颗冉冉升起的新星，它们不同于那些力求覆盖一切的通用 AI 模型，而是专注于特定领域，利用行业特有的数据和知识，提供更为精准高效的解决方案。正因为其独特的聚焦性，垂直 AI 大模型在参数规模、成本以及对行业需求的贴合度上都展现出显著的优势。在这样的背景下，越来越多的企业加入了垂直大模型的赛道。

2023 年 5 月 18 日，深信服发布国内首个自研安全大模型，成为安全领域 GPT 技术应用首秀；同年 5 月 5 日，学而思宣布正在进行自研数学大模型的研发，命名为 MathGPT，面向全球数学爱好者和科研机构；同年 3 月，达观数据公布正在开发曹植系统，该系统为专注于金融、政务、制造等垂直领域的大语言模型。明确的商业化落地场景和更低的算力成本，为各类企业打开了进军垂直大模型的大门。

垂直 AI 大模型面临着算力、算法、数据三大要素挑战，也是制约其发展的关键因素。尽管相较于通用大模型，垂直 AI 大模型的算力要求较低，算法难度相对较低，且可以借鉴开源项目，但高质量数据的稀缺性以及获取成本的高昂仍旧是一大难题。

就国内数据市场而言，据国家发展和改革委披露，我国政府数据资源占全国数据资源的比重超过 3/4，但开放规模不足美国的 10%，个人和企业可以利用的规模更是不及美国的 7%。而行业数据更是非常核心的私域数据，私域数据量越大，质量越高，就越有价值。

　　例如，一个医疗公司拥有大量医疗数据、病例数据，那么它就能开发出医疗垂直大模型类的产品。同理，建筑行业的项目数据、金融行业的用户画像数据、海运行业的船位数据等，都是赋能垂直大模型的关键。但是这些私域数据都掌握在企业自己手中，而且为了数据安全和合规，绝大部分机构是要本地化部署才会尝试大模型训练，很难想象企业会把自己的核心数据拿给别人去训练。

　　尽管如此，垂直 AI 大模型的发展机遇同样是广阔的。中国智能化的浪潮正推动着产业数字化的需求，ToB 生态的形成有利于数据飞轮与场景飞轮的构建。对那些在目标领域拥有技术壁垒和数据优势，能够深耕行业、理解并满足客户需求和落地场景的企业来说，在这一竞争中无疑更具体 。保证产品的可信、可靠、安全、可控、合规，将是这一过程中不可或缺的要素。

　　（六）AI 政府监管：中国行动更为果断

　　在人工智能领域，生成式 AI 技术正以其惊人的能力，重塑着内容创造的格局。无论是文本、图像，还是视频，这种技术的应用正日益成为主流。然而，随着这项技术的快速发展和广泛应用，监管这一新兴领域的必要性也日益凸显。在这方面，中国政府无疑走在了世界前列。

　　2022 年 11 月，中国国家互联网信息办公室、国家工业和信息化部、公安部联合颁发了《关于互联网信息服务中深度合成内容管理的规定》，标志着全球范围内首次对 AI 生成内容进行系统性的监管尝试。这一政策于 2023 年 1 月 10 日正式生效，其内容涵盖了风险评估、实名用户注册以及对 AI 生成内容进行明确标记等多个方面，旨在确保生成式人工智能技术的健康发展和应用。

这一监管举措的意义远不止于此。随着生成式人工智能产品的普及，一系列道德和政策问题随之浮现。其中，AI 生成内容的法律归属，特别是版权和知识产权的界定，成了一个尤为复杂而又亟待解决的问题。生成式 AI 技术的本质决定了其在创作过程中会借鉴和参考大量现有的数据，这就涉及了对原有内容创作者权益的保护问题。

在美国，OpenAI 的代码生成模型 CodeX 因被指侵犯版权而面临诉讼，这一事件凸显了知识产权在 AI 生成内容领域的复杂性。2023 年年末，北京互联网法院针对一例人工智能生成图片著作权侵权纠纷案件［案号为（2023）　京 0491 民初 11279 号］作出了一审判决，认定被诉侵权行为构成著作权侵权。该案被称为中国国内"AIGC 图片著作权第一案"，引发了业内广泛关注。

在本案中，原告李某使用 Stability AI 公司的 Stable Diffusion（以下简称"SD"）生成涉案图片后，发布于小红书平台。被告为百家号博主，在发布的文章中使用了涉案图片且未标明原告署名或水印，原告遂起诉。

北京互联网法院经审理认为涉案人工智能生成图片具备"独创性"要件，体现了人的独创性智力投入，应当被认定为作品，受到著作权法保护。一审判决被告在百家号上赔礼道歉，持续时间不少于 24 小时，并赔偿原告人民币 500 元。

中国政府在监管生成式人工智能方面先行一步，不仅展示了其对新兴技术趋势的敏锐洞察力，也体现了其在全球技术治理中的先行先试的探索。

第三节　中国的核心资产与竞争力

一、美国的先发优势

在人工智能的激烈竞争舞台上，美国以其深厚的底蕴与独特的优势占据着领先地位。尽管面临着国内外的挑战，美国仍旧处于 AI 技术创新的领头羊位置。随着 AI 技术的不断进步和应用领域的日益拓宽，美国的这些核心竞争优势将继续发挥作用，推动 AI 技术向着更加智能的方向发展。

（一）基础研究的底蕴积累

美国在 AI 领域的成功并非偶然。从硅谷的创新创业精神，到麻省理工学院等高等学府的研究突破，美国展现了其在科技领域不断探索的决心。这种持续的基础研究积累为美国奠定了坚实的技术基础，使其在 AI 革命中一马当先。同时，这种基础研究的深度和广度，为应用研究提供了丰富的土壤，使得其从理论到实践的转化变得更加流畅和高效。

（二）源源不断的顶尖人才

美国吸引全球科技人才的能力是其竞争优势的另一大支柱。来自世界各地的科学家、工程师、创业者在美国的土地上汇聚，共同推动了科技的边界向前发展。这一优势虽然近年来受到挑战与削弱，但美国依然是许多科技人才梦想的目的地。这得益于美国开放包容的社会环境和对创新的高度重视，为科技人才提供了一个自由探索和实现梦想的平台。

（三）成熟的风投机制

美国的风险投资（VC）机制和资本市场的成熟对于 AI 领域的发展起到了不可估量的推动作用。风险资本不仅为初创公司提供了必要的资金支持，更重要的是，它们为这些公司提供了商业指导、市场策略和人脉网络等资源，帮助它们快速成长。资本的流动性和风险投资的活跃为 AI 创新提供了充足的"燃料"，使得美国成为全球 AI 创新的热土。

（四）创新文化

美国的创新文化是其竞争优势中不可或缺的一环。这种文化鼓励尝试和容忍失败，为科技创新提供了一个宽容的环境。在这样的文化氛围中，人们不惧怕失败，反而将失败视为通往成功的必经之路。这种对待创新和失败的态度，使美国能够不断地在科技领域突破自我，保持其在全球 AI 竞争中的领导地位。

二、中国的独特优势

在全球科技舞台上，中国以其独特的竞争优势，在人工智能 AI 的领域中稳步推进。这些优势不仅体现在宏观经济和产业布局上，还深刻影响着国家的创新能力和技术实施速度。

首先，中国拥有世界上最为齐全和规模庞大的工业制造业产业链。这一点对于 AI 技术的实际应用至关重要，因为它为生产型 AI 应用场景提供了一个无与伦比的试验场。从智能制造到自动化物流，再到智能家居，中国庞大的制造业基础为 AI 技术的落地提供了广阔的空间和无限的可能性。

其次，中国的生产服务业也在快速追赶中不断进步，涵盖了品牌、供应链、金融、市场、渠道、研发等多个领域。这一多维度的服务体系不仅促进了中国经济的多元化发展，也为 AI 技术提供了丰富的应用场景，从而推动了 AI 在更广泛领域的创新和应用。

再次，40 多年来，中国培养了全球最训练有素、最具经验且规模最大的熟练工人与工程师团队。这支庞大的人才军团不仅支撑着中国制造业和服务业的发展，也为 AI 技术的应用和落地提供了最有价值的资产。

最后，中国特有的高效持续的行政效率和举国体制，为 AI 技术的发展提供了有力的政策支持和资源配置。这种高效的行政机制和全国范围内的协同合作，使得中国能够快速响应科技发展的需求，有效推进 AI 技术的跟踪、补短与超越。

那么，当中国的这四大优势在 AI 领域交汇时，又会擦出怎样的火花呢？在下一节中，我们将就这一问题进行更深入地探讨。

三、物理世界的镜像与再创造：智能化的数字世界

在人工智能 AI 的领域，特别是在自然语言理解和逻辑推理方

面，我们已经实现了巨大的进步。假设 GPT 等大型模型不仅能够理解人类的语言，还能进行相当程度的逻辑思考。而在视频生成领域，例如，Sora 等技术的重大突破，则让我们相信 AI 真的能够理解我们这个世界的物理规律。这些都预示着通用人工智能（AGI）的黎明正在到来。

我们可以构想一个假设：AI 能够在与人类的持续交互中进行学习迭代，不仅基于自然语言的逻辑思考，还能基于真实物理世界的规律与元素。这样，AI 和人类共同创造出来的，将不仅是一个现实的世界翻版。这个世界虽然源于真实的物理世界，却不是简单的一对一复刻，而是一种镜像与再创造的过程。

想象一下，如果我们生活在这样一个虚拟世界中，在其中体验与创造，由人与 AI 的内容生成领域，对短视频、动漫、电影、游戏等整个内容生态是一个大的颠覆，那么我们将开启全新的市场，一个全球精神消费新市场。这个市场的容量与丰富程度，可能会数倍于今天我们已知的市场规模。

然而，这个虚拟世界的创造与体验，并不意味着我们完全脱离物理世界。实际上，如果我们能够利用虚拟世界中的特殊能力来赋能物理世界，那么现实世界的价值将会被极大地增强。在这个过程中，中国所拥有的丰富应用场景和庞大的熟练工人与工程师团队，将展现出无与伦比的价值。

为了更好地理解这一前景，我们将一起回顾一场采访。

2018 年《鲁豫有约》采访李连杰，李连杰提到曾被邀请参与拍摄《黑客帝国》续集，但他拒绝了。

在采访中，他解释道："美国人让我拍 3 个月，但是让我参与剧组制作，6 个月把我所有的动作通过电脑用动作捕捉系统 copy（复制）下来，完了，版权是属于他（美国片方）的，但是这套系统后续产生的收益，我都可以分红。"

"我在想，5 年后 10 年后的科技，我练了一辈子的武功，版权却都变成美国人的了。那将来有一天，你把他们（动画）穿上任何一个人的衣服，打出来的东西（功夫）都是他们的了。那个东西，永远会成为他的知识产权。那我说我不干，这个东西（功夫）的知识版权他不可以拿走。"

如果李连杰接受了《黑客帝国》的签约要求，那么他的动作被电脑技术化后，美国人从法律意义上完全可以说：这个东西就是我们美国人的东西，是我们自己知识产权的作品。

在探索过去 40 多年中国改革开放的壮阔征程中，我们见证了一个惊人的转变：中国从一个边缘角色成长为"世界工厂"，成为拥有全球工业门类最齐全的制造业大国。但在迈向未来 AI 时代的关键节点上，我们必须深思：这 40 多年的奋斗与积淀，究竟孕育了什么样的宝贵财富？

这个问题的答案，蕴含在我们之前讨论的中国独特的四大优势中。这些优势不仅体现在庞大的物质资源和设施上，更深刻地根植于亿万熟练产业工人和百万工程师的智慧与经验中。这些是用无数个日夜的勤劳汗水、不懈学习和创新所积累的无形资产，是真正的国宝。

那么，面对 AI 时代的浪潮，我们如何能将这些珍贵的智慧和经验转化为新时代的核心动力呢？关键在于如何将这些丰富的知识和经验建模成数字化、智能化的资产，使其能够自我学习，与现实世界持续交互。通过人类与 AI 的紧密协作，我们可以共同推动智能硬件、PC、手机、新能源汽车乃至智能机器人的发展，真正迈入通用人工智能（AGI）的新纪元。

这一转变的意义远远超出了技术层面的进步。它标志着中国从一个"制造大国"向"制造强国"的根本蜕变，不仅将彻底改变科研、制造和生产服务的基本范式，还将重构我们的产业和商业模式，为全人类带来福祉。

让我们通过一则新闻，来窥见这一前景的到来。

中国"机器化学家"成功研发火星制氧催化剂

到火星上栖居是人类的梦想之一，但首先要解决缺氧问题。近日，中国科学技术大学罗毅、江俊、尚伟伟教授团队与深空探测实验室张哲研究员等合作，运用智能机器人"机器化学家"，采用火星陨石成功研制出新型催化剂，为利用火星上的水制备氧气提供了高效率、低能耗的解决方案，探索出一条在地球外星系就地取材研制化学品的新路。11 月 14 日，国际知名学术期刊《自然合成》发表了这一研究成果。

火星大气中的含氧量极低，无法满足人类生存。如何能在火星上制备出氧气？近年来，国际科学界发现火星上存在大量的水，那么在火星上利用太阳能发电，再用电从水中解析出氧气，成为可行的技术方案之一。

但是，"电解水"还需要使用催化剂，来解决制氧速度慢、能耗高等问题，而从地球运送的成本非常高昂。因此，能否在火星上就地取材研制催化剂，成为一个关键技术问题。此外，低温、低气压、高辐射的火星环境，对人类登陆后"就地研发"很不利。

针对这些问题，中科大和深空探测实验室科研人员合作，利用自主研发的智能机器人"机器化学家"，从火星陨石中分析并提取成分，研制出一种新型制氧催化剂。

中科大合肥微尺度物质科学国家研究中心主任罗毅说，这项研究成功验证了人工智能可以自动研制新材料，有望为人类在远离地球的星球上制备氧气、建造基地、生产食物等作出贡献，并利用火星资源研制出更多化学品，帮助我们进一步探索太阳系深处。

据悉，中科大研制的"机器化学家"名叫"小来"，它不仅"会学"还"会想""会做"。这次研制催化剂，根据火星陨石的多种化学成分，一共有376万多种可能的组合配方，如果靠人类科研团队一一实验验证需要两千多年。

"'小来'学习了5万多篇相关的化学论文，用'智能大脑'思考并设计出一个基础配方，然后做实验并根据结果不断调整配比，用6周时间找到最佳配方。"中科大教授江俊说，机器人自主发现并研制化学品，为人类探索星空提供了一条新路。①

想象一下，当亿万中国产业工人的经验和百万工程师的智慧通过 AI 得以永久保存和无限进化时，我们将拥有一个前所未有的创新生态。在这个生态中，每一个人的劳动和创造都能被赋予新的生命，每一项技术和产品都能更快地适应市场和社会的需求。这不仅会极大地提升生产效率和创新速度，更将使我们能够更好地面对全球性的挑战，如环境保护、能源危机和健康问题等。

第四节　AGI 与具身智能机器人的未来②

大模型技术的突破性进展，可能将机器人产业推向了一个全新的纪元：具身智能时代。什么是具身智能？简而言之，具身智能赋予了机器人类似于人类的感知、决策和行动能力，意味着机器人将不仅仅是执行命令的工具，而是能够像人类一样思考、学习和行动的存在。

---

① 徐海涛，周畅. 中国"机器化学家"成功研发火星制氧催化剂［EB/OL］. 新华网，2023-11-14.
② 人形机器人深度：大模型驱动算法升级，重塑生产力的未来［EB/OL］. 知乎，2023-09-24.

一、大模型驱动机器人实现具身智能

大模型可以被视为机器人的"大脑"，提供了强大的学习和推理能力。通过对大模型的训练，机器人能够学习海量的知识和技能，并根据环境变化做出智能的决策。这种能力的赋予，将机器人的应用领域从过去的有限场景扩展到几乎无限的可能性。

在具身智能机器人的帮助下，我们的生产力将会被彻底重塑。它们可以应用于工业、服务业和特种场景等各个领域，替代人类完成大量工作，从危险的物理劳动到高精度的技术操作，无所不能。

在工业领域，具身智能机器人能够完成搬运、组装、喷漆等繁重工作，极大地降低工作场所的风险并提高生产效率。在服务业，从餐饮服务到零售，再到医疗和教育，它们的应用将提供前所未有的便利性和效率。而在特种场景下，如救援、探险或清理污染，具身智能机器人将发挥其独特优势，完成人类难以到达或无法适应的任务。

具身智能机器人带来的变革是多方面的。首先是解放生产力，它们将替代人类完成大量工作，将人类从重复和繁重的劳动中解放出来，专注于更具创造性和价值的事务；其次是提高生产效率，这些机器人能够无休止地工作，且效率远超人类，为生产效率的大幅提升开辟新的道路；最后，也是最重要的因素，降低生产成本，通过减少对人工的依赖，具身智能机器人能显著降低生产成本，为企业带来经济效益。

在当今这个快速发展的时代，人口老龄化已成为全球许多国家面临的重大挑战，而我国更是深刻感受到了这一趋势的影响。随着60岁及以上人口占比从2011年的13.7%上升至2022年的19.8%，我们正面临着劳动力短缺和用人成本上升的双重压力。这一挑战尤其在制造业领域显得尤为突出，因为作为全球制造业产值最高的国家，我们拥有庞大的制造业基础，这对应着庞大的劳动力需求。

具身智能机器人的出现，有可能是在正确的时间，为我们提供了合适的解决方案。它们不仅能够执行重复的、体力劳动密集型的任务，还能进行高度复杂的操作，这在很多方面超越了人类的能力。从传统的制造业到高科技行业，都能找到它们的身影。在制造业中，机器人可以从事精密组装、搬运重物、进行质量检测等工作。而在高科技领域，它们还能参与到研发、数据分析等更为复杂的任务中。这种跨领域的应用能力，让具身智能机器人成为解决劳动力短缺问题的关键。

二、具身智能有望重构生产力范式

具身智能机器人的出现，预示着生产范式的一次重大变革。它赋予机器人感知、决策、行动的能力，使它们能够胜任更复杂的任务，甚至替代人类在危险、艰苦、高风险环境下进行工作。具身智能机器人将重构生产力范式，带来三大变革。

（一）突破局限，赋能长尾制造和柔性制造

柔性制造，作为工业制造的重要组成部分，要求能够快速响应市场需求、缩短交货周期、降低库存和过剩产能。但现有的工业机器人往往高度定制化，一般应用于大规模生产的场景，无法满足长尾制造和柔性制造的需求，具身智能机器人恰恰满足了这些需求。它们不再以特定任务为导向，而是具有更高的泛用性、智能性，机动性接近人类，可以无需场景定制化直接替代人类作业，从而大规模应用于长尾制造端和柔性制造场景。当今劳动密集型的产业中，如电子产品组装、服装加工、食品加工、家具制造、3D 打印等都对其有广泛地应用。

（二）解放人类，进军高危特种场景

智能机器人能够代替人类进入危险、艰苦，甚至是人类难以适应的环境——巡检、紧急救援、核电站和化工厂、探险和勘察、矿山和建筑工地、火灾扑救乃至军事应用。它们的介入，不仅大幅提高了作业的安全性和效率，而且减少了人类工作者暴露于危险环境中的风险。以下是具身智能机器人应用的典型高危特种场景。

1. 核电站和化工厂：巡检、检修、维护。

2. 探险和勘察：火山、深海、太空。

3. 矿山和建筑工地：爆破、搬运、安防。

4. 火灾扑救：灭火、搜救。

5. 军事应用：侦察、运输、作战。

（三）渗透第三产业，开启服务业智能化革命

人形机器人是具身智能机器人发展的重要方向，它可以应用于餐饮、零售、医疗、教育等第三产业领域中，提供各种服务，推动

服务业的智能化升级。以下是服务智能化升级的典型场景。

1. 餐饮：点餐、送餐、清洁。

2. 零售：导购、理货、收银。

3. 医疗：护理、康复、手术。

4. 教育：教学、辅导、答疑。

人形机器人的市场空间非常广阔。高盛的预测描绘了一个令人兴奋的未来：如果机器人软硬件能够在短期内实现重大技术突破，全球市场空间在 2035 年有望达到 1540 亿美元，接近 2021 年全球智能汽车的市场空间，复合增长率达到惊人的 94%。

三、大模型驱动智能机器人算法升级

随着机器人技术的迅猛发展，我们幻想着它们能够陪伴我们生活，协助我们工作，甚至在特定任务上超越人类的极限。然而，尽管在语音助手、图像识别系统、自动驾驶汽车等特定领域已经取得了显著进展，但是人形机器人实现自身智能化的梦想仍然遥远。这些系统虽然能够感知环境、处理信息并作出决策，但它们的智能仍然局限在特定的任务领域内，无法像人类那样在各种不同情境下进行全面的智能互动。

（一）现阶段机器人智能的瓶颈

目前的人形机器人，仅能遵循预设的软件算法执行特定场景的任务目标。在面对长尾任务场景或作业过程中的干扰时，它们往往显得无能为力。这背后的核心问题在于决策规划算法的局限性，这

一领域是具身智能发展的主要痛点。决策规划算法的复杂性类似于人类大脑的认知能力，这种认知能力的提升依赖于算法训练的深度和广度，与感知和控制算法相比，它具有更高的发展潜力。

当前，人形机器人的决策规划算法主要走两条技术路线：强化学习反馈路线和小样本学习路线。这两种方法各有优势和局限，它们互相补充，共同构成了机器人软件算法的核心。强化学习通过无数次试错，让机器人在虚拟或现实世界中寻找最优解，这个过程虽然能够覆盖大多数小概率事件，但大量的试错往往是无效的，这导致训练效率低下。与之相对的是小样本学习或拖动示教方案，这种方法允许机器人通过模仿少数案例快速实现任务的最优解。开发者可以直接操作机械臂，通过拖拽的方式来教会机器人特定的动作，这种方法简化了算法的开发难度和周期。然而，小样本学习方案的局限在于它只能提供有限的动作模式，无法让机器人根据环境的变化做出复杂的反应。

（二）具身智能是大模型的物理具象化

具身智能是大模型技术的实际应用，是一种能够在物理世界中感知、理解并主动参与的智能体。想象一下，一个能够自主行动、思考并与环境互动的机器人，不仅能够执行命令，而且能够以第一人称的视角，主动学习并不断适应周围的世界。

具身智能机器人的核心挑战之一是如何有效地融入并与复杂的物理世界互动。与传统的第三人称视角学习相比，第一人称视角的具身智能不仅可以通过传感器收集现实世界的信息，而且能够与环境进行实际的互动，并在这个过程中学习和适应。这要求机器人具备高度的泛化能力和复杂的思维链能力，能够处理和适应未曾直接经历过的情境和挑战。

目前，许多机器人的决策和控制系统依赖于一系列传统算法，如 SLAM 和路径规划算法等。这些系统在特定场景下表现出色，但在面对小概率事件或未经训练的复杂情境时，它们的泛化能力受限。例如，特斯拉的自动驾驶系统在某些小概率事件下失败，正是泛化能力不足的体现。此外，具身智能机器人在执行复杂任务时，需要将任务分解为一系列简单的步骤，这要求它们具备强大的思维链能力，能够在任务过程中应对各种干扰和环境变化。

大模型技术的出现为解决这些挑战提供了新的可能性。通过大规模的预训练，大模型不仅能够覆盖广泛的小概率场景，还能显著降低算法开发的复杂度。当模型的参数达到一定量级时，它们能够展现出类似人类的思维链能力，能够逻辑化地拆解和处理复杂任务。这种高度的泛化能力和思维链能力，使大模型成为具身智能技术发展的关键。

具身智能代表了大模型技术的终极应用场景之一。从处理简单的文本和图像到应对现实世界的复杂情境，大模型技术的发展使得数据的处理范围和应用场景得以极大扩展。随着图像—语言—动作多模态模型的推出，我们已经看到了从文本到图像，再到现实世界动作的跃进，大模型的潜能在这一过程中得到了充分展现。

四、大模型重塑机器人算法开发范式

从 ChatGPT 的商业化成功，我们见证了大模型在人工智能领域的潜力与价值，预示着具身智能的光明未来。但正如以往颠覆性技术一样，大模型在具身智能领域的应用并非一蹴而就，而是一个逐步演进的过程。

（一）服务型与劳动型机器人：不同的赋能方案

服务型机器人，以其人机交互的高需求为特点，大模型尤其是 LLM，在短期内即可极大提升这些机器人的服务水平。而劳动型机器人，由于其对精准动作控制的需求，短期内仍需依赖于传统算法方案。这一对比凸显了大模型技术发展的分阶段性，以及未来技术整合的必要性。

（二）短期至远期：大模型的技术供给迭代

在短期，大语言模型（LLM）已开始赋能人形机器人，尤其是在服务型机器人中，通过提升人机交互的智能化水平。然而，LLM 的局限在于它无法直接参与机器人的规划控制，这限制了其在动作控制方面的应用。

随后，我们将进入中期阶段，图像—语言模型（VLM）预计将直接参与机器人的决策规划系统，虽然这将是一个巨大的进步，但由于缺少动作模态，决策与控制系统的契合度仍有待提升。

在远期，图像—语言—动作多模态模型（VLA）预计将彻底改变游戏规则。将动作作为模态整合进大模型，VLA 将具备高度泛化能力和思维链能力，基本实现具身智能功能，为人形机器人的发展开启新篇章。

（三）迈向未来：VLM 到 VLA 的革新之旅

服务型机器人的短期方案中，LLM（大语言模型）结合感知和决策控制算法，已经开始展现出对服务场景智能化水平的显著提升。而对于劳动型机器人，传统算法方案仍是其动作控制的主要技术基础，尽管面临着复杂性和泛化能力的挑战。

随着技术的进步，图像—语言模型（VLM）的介入将提高决策制定的泛化能力，尤其是在服务型机器人中，会进一步强化人机交互的能力。而远期的图像—语言—动作多模态模型（VLA），通过引入动作模态，将为人形机器人提供全方位的具身智能能力，真正实现从感知到决策，再到控制的全流程智能化。

从图像—语言模型（VLM）到图像—语言—动作多模态模型（VLA），我们将见证人形机器人从初步的人机交互能力，到能够进行复杂决策规划，再到实现高度泛化和思维链能力的全面进化过程。这一旅程不仅是技术的进步，更是人类对于智能伙伴梦想的追求和实现。

五、被低估的资产：防止轻易流失

中国40多年工业化进程所积累的门类丰富的制造与服务业场景的智慧和经验，如何转化为新时代的核心能力呢？关键在于如何将这些丰富的知识和经验建模成数字化、智能化的资产，使其能够自我学习，与现实世界持续交互。笔者也在此建议，希望有关政府部门与机构能充分重视我国这一核心资产，不使之在 AI 发展较早期，被廉价的"美元"通过各种渠道提前收购囤积。

正如中药汉方曾经在改革开放的浪潮中，未被充分珍视而大量流失海外，成为他国的知识财产和品牌象征，我们面临着类似的挑战与机遇。这一次，我们的核心资产不再是有形的中药药方，而是凝聚了亿万工人智慧和经验的无形财富。

笔者在此呼吁政府部门和机构要高度重视这一点，不能让历史的悲剧重演。我们需要建立和完善相关的政策和法律框架，保护我们的知识产权，确保这些无形资产得到合理地利用和发展。同时，我们也应该鼓励和支持本土研究和开发，把这些核心资产转化为推动社会进步和经济发展的动力。

第五节　美国制裁与中国破局

美国对中国生成式人工智能领域加强制裁，特别是 2022 年 9 月开始，禁止顶尖芯片制造商 NVIDIA 和 AMD 向中国销售最先进的图形处理器（GPU），在表面上是一场针对技术高地的攻防战。这些措施被外界广泛认为可能对中国在大规模生成式人工智能模型的发展上构成重大障碍，毕竟这些模型的训练通常需要庞大的计算资源。

然而，从另一个角度来看，这些制裁并未对中国的 AI 应用层面初创公司造成太大影响。这是因为这些初创企业很少直接使用到这些先进的 GPU 来训练和部署他们的人工智能模型。即便是中国的科技巨头，如百度，在其 AI 云服务业务中使用到受制裁 GPU 的比例也相对较小。事实上，从长远来看，这些公司已经开始规划和开发自己的 GPU 以替代进口产品，减少对外部先进技术的依赖。

同时，英伟达针对中国市场推出的符合规定的 GPU，是这家公司为规避制裁而采取的策略之一。这种调整显示出中国市场对全球科技供应链的重要性，以及国际科技公司在面对政治和贸易壁垒时的灵活适应能力。尽管如此，美国的制裁措施对中国的基础研究机构影响较大，这些机构依赖先进的 GPU 来训练和扩展其 AI 模型。

美国政府考虑实施的对华出口投资新控制措施，将进一步加剧美中科技领域的分离。这些措施不仅加深了两国科技生态系统之间的隔阂，也影响了全球科技创新和合作的格局。

在这种环境下，中国的生成式人工智能领域面临着重大挑战和压力，但同时也激发了国内产业的自主创新和自力更生的动力。中国的科技企业和研究机构正在加快自主技术的研发和应用，以减少对外部核心技术的依赖。虽然短期内可能会面临一定的困难和挑战，但从长期来看，这也许将促使中国生成式人工智能领域实现质的飞跃，推动国内科技产业的整体升级和国际竞争力的提升。

一、需求侧：美国精神消费市场的引领者

在全球化的浪潮中，美国一直扮演着一个独特而重要的角色：精神消费市场的引领者。这个角色不仅基于其强大的经济实力和文化影响力，更得益于美国在技术创新尤其是 AIGC 技术方面的领先地位。深度学习、自然语言处理等前沿技术的应用，正在逐步将美国推向一个新的消费时代，这个时代以精神消费为核心，预示着全球消费市场的重大转型。

（一）精神消费的新浪潮

在过去的几十年里，物质消费一直是经济增长的主要驱动力。然而，随着人们生活水平的提高和消费观念的变化，精神消费逐渐成为新的增长点。美国作为全球创新文化的发源地，正在利用 AI 技术创造出全新的消费模式和体验。在娱乐、教育、媒体和广告等行业，AIGC 技术的应用不仅为消费者提供了更加丰富和多样的内容，也为整个行业带来了革命性的变化。

未来的社交媒体平台能够根据用户的偏好实时生成个性化的内容；电影和音乐不再完全依赖人类艺术家创作，AI 可以根据观众的反馈和情感波动创作出触动人心的作品；在教育领域，AI 教师能够提供定制化的学习计划和互动式学习体验；而广告行业则能通过深度学习分析消费者行为，实现更加精准和个性化的市场推广。这些变化，正是精神消费市场崛起的明显标志。

（二）全球消费市场的更新与隐忧

美国在精神消费市场的引领作用，不仅改变了本国消费者的生活方式，也对全球消费市场产生了深远的影响。这种跨国界的影响力，加速了全球消费市场的更新和升级，推动了全球经济向更加数字化、个性化和智能化的方向发展。

尽管美国在精神消费市场的引领地位看似无可挑战，但这一转型过程也面临着诸多挑战。隐私保护、数据安全、知识产权等问题是技术应用过程中必须解决的重要议题。此外，美国社会的严重对立与撕裂，以及由"政治正确"引发的一系列矛盾与冲突，也对如何确保技术发展惠及所有社会群体，避免加剧社会不平等提出了新的挑战。

二、供给侧：中国传统工业体系的智能化改造者

在当今世界，技术革命和全球化浪潮正推动着全球经济结构的深刻变革。在这场变革中，中国以其独特的角色和策略，正在成为全球工业体系智能化改造的领头羊。通过深度融合人工智能与传统制造业，中国不仅在重塑自身的工业基础，也在为全球工业发展树立新的标杆。

（一）传统工业体系的智能化改造者

中国的经济奇迹很大程度上得益于其庞大而强大的制造业基础。如今，面对全球经济新的发展需求和挑战，中国正在将 AIGC 技术引入工业生产、供应链管理、产品设计等多个领域。这不仅是对现有工业体系的简单升级，而且是一场从工业化、信息化、数字化转向智能化的全面革命。这种转变的目的在于通过技术创新提升生产效率和产品质量，同时实现能源节约和环境保护，推动经济和社会的可持续发展。

（二）提高生产效率与产品质量

通过引入 AI 技术，中国的工业生产线正在变得更加智能化和自动化。智能机器人、智能传感器、大数据分析等技术的应用，使得生产过程更加高效、精准，极大地提升了产品质量和生产效率。这不仅减少了人力成本，也降低了生产过程中的错误率和浪费，为企

业带来了更大的经济效益。

（三）促进能源节约与环境保护

智能化改造还意味着更加绿色、环保的生产方式。通过精确控制生产过程中的能源使用，减少资源浪费，并利用 AI 技术优化产品设计和材料使用，中国的制造业正逐步减少对环境的影响。这种转变不仅符合全球可持续发展的趋势，也为全球环保事业贡献了中国的智慧和力量。

（四）普惠全球的可持续发展

在全球化的大背景下，中国的工业智能化升级不仅关乎自身发展，也关系到全球经济的未来。相对于美国在精神消费市场的引领，中国的智能化改造更加注重实体经济和基础设施的建设，这对于全球大多数仍处于发展中的国家和地区尤为重要。通过提供更加高效、环保且成本效益比更高的工业生产能力，中国的智能化改造有潜力惠及全球大多数人口，特别是那些面临贫富差距大、粮食与饮用水危机等问题的地区。

在这一过程中，中国不仅在为自己寻找一条可持续发展的道路，也在为全球化的"弃儿"提供新的希望和可能。通过智能化改造，中国有可能为这些国家和地区提供必要的基本工业能力和基础设施支持，助力他们摆脱贫困与动荡，迈向更加繁荣和稳定的未来。

三、孤立与竞争：下一次工业革命的十字路口

在全球化的大潮中，美国和中国作为世界两大经济体，在人工

智能技术的应用和发展上各自走出了不同的路径。这不仅反映了两国在文化和社会禀赋上的差异，也预示着一个由多样性驱动的全球技术发展新时代的到来。

（一）源自文化与禀赋的较量

美国作为全球科技创新的领头羊，其在 AI 技术应用上偏向于消费市场的开拓。这种倾向不仅源于其强大的创新能力和科技企业的推动，也与美国深厚的文化土壤和对个性化、创新消费需求的追求密不可分。然而，产业空心化和人才断层的问题，尤其是在制造业领域的衰退，使得美国在产业端智能化升级上面临着挑战。

相比之下，中国凭借其庞大的制造业基础和市场规模，选择了一条不同于美国的道路。中国致力于将 AI 技术应用于传统工业体系的智能化改造，旨在通过技术创新提升生产效率和产品质量，同时实现可持续发展的目标。这一策略的选择，不仅反映了中国在全球化进程中的快速发展需要，也体现了中国对于科技进步与经济社会发展相结合的深刻理解。

（二）中美新型大国关系的构建或崩溃

在国际政治的宏大舞台上，中美关系无疑是最引人注目的双边关系之一。这不仅因为它们分别代表着世界上最大的发展中国家和世界上最大的发达国家，更因为这种关系在很大程度上将决定 21 世纪的全球格局。构建中美新型大国关系，是一项前无古人、后启来者的事业，它要求两国跨越历史的阴影，共同面对未来的挑战与机遇。

中美关系的重要性与复杂性是显而易见的。从经济、科技到安全，两国的利益紧密交织，同时也存在不少分歧和矛盾。在这样的背景下，构建一种新型的大国关系显得尤为迫切，但同时也充满挑战。这种关系要求两国不仅要在利益上寻求平衡，更要在文化、价值观乃至国际秩序的认知上寻找共识。这无疑是一项艰巨的任务，因为它涉及的不仅是政策的调整，更是对各自发展路径和世界观的深刻反思。

然而，目前的情况似乎并不乐观。在 AI 技术这一具有革命性意义的领域，中美本可以通过合作推动科技进步，共同应对人类面临的挑战，例如，提高生产效率、解决环境问题等。但现实却是，竞争和猜疑似乎成了美国的主旋律，美国对中国的打压和孤立行动，不仅损害了中国的利益，也破坏了国际社会在科技创新和应对全球挑战方面的合作基础。

（三）合则两利，斗则俱伤

中美两国作为世界经济的两大引擎，它们的合作对全球经济的稳定与增长至关重要。两国在贸易、投资、科技等领域的合作可以带来巨大的利益，促进经济增长，创造就业机会，提高生活水平。相反，如果两国关系陷入持续的紧张和对抗，不仅两国自身将遭受重大损失，全球经济也将面临下行压力，国际社会在应对新的全球性挑战时的合作也会受到影响。

在这个新时代中，技术的力量确实应该被用来解决人类面临的各种挑战。这不仅是对科技创新的期待，更是对中美关系发展方向的思考。如果两国能够超越历史和意识形态的分歧，基于相互尊重和共同利益构建合作的框架，那么它们不仅能够在 AI 等领域实现互利共赢，还能共同引领全球应对挑战，推动人类社会的进步。

第六节　AI 未来的伦理与风险治理

在智能化时代来临之际，我们正目睹着技术如何重新塑造世界。AI 技术的迅猛发展正改变着自动化生产线、客户服务、法律咨询、医疗诊断等领域。随着机器学习、自然语言处理等技术的进步，AI 正在接管一些历史上由人类完成的任务。但这种技术进步背后隐藏着一个令人不安的问题：大规模失业潮是否即将到来？

一、失业潮：AI 会抢走我们的饭碗吗

AI 技术正以前所未有的速度发展，其应用领域也日益扩大。从传统的制造业到服务行业，再到专业领域，如法律和医疗，AI 的影响力不断扩散。这种技术变革带来了效率和生产力的显著提升，但同时也引发了人们对未来就业市场的深刻担忧。

随着 AI 技术取代更多的人类工作，担忧声音日益高涨。一些人担心机器人和智能系统将导致大量职业的消失，从而引发失业潮。这种担忧并非没有根据，根据麦肯锡全球研究所预测，到 2030 年，全球将有高达 3 亿~5 亿个工作岗位可能被智能化取代。

但这也忽视了技术发展历史上的一个重要经验：每一次技术革

命，虽然短期内可能导致职业转移，长期来看却会创造更多的就业机会。互联网的普及最初也引发了人们对传统行业就业的担忧。然而，随后出现了大量基于互联网的新行业和职业，如网络工程师、电商从业人员、自媒体内容创作者、数字营销师等。更不用说智能手机的普及和移动应用的爆炸式增长，创造了前所未有的就业机会。从应用开发、移动广告到在线服务平台，都是由新技术驱动的就业增长点。

要有效地应对 AI 技术对于就业的替代影响，有必要注重以下三个方面的变革：教育体系的革新、政策的支持与激励、企业的责任与作用。

首先，教育体系的革新必须着眼于未来。STEM 教育（科学、技术、工程和数学教育）是基础，但在此基础上，批判性思维和创造性解决问题的能力同等重要。这些所谓的软技能，包括适应性学习、跨文化交流能力，以及团队合作精神，是在 AI 主导的未来市场中脱颖而出的关键。

重新设计的教育体系应当将学习视为一种终身过程，从小学到高中，再到大学乃至职业培训，都应贯穿着对这些技能的培养。通过项目式学习、团队合作和实践经验，学生可以从实际操作中学习，培养出真正适用于未来工作环境的能力。

其次，政府和政策制定者在这一过程中扮演着至关重要的角色。他们需要制定和实施一系列旨在鼓励技术创新和人才培养的政策。这可能包括为投资教育技术的企业和机构提供税收减免，为从事 AI 研究和应用的专业人才提供奖学金和研究资金，以及促进学校和企业之间的合作伙伴关系，确保教育内容与就业市场的需求保持一致。同时，政策制定者也需要关注那些因技术进步而面临失业风险的人群。通过设立再培训基金，提供职业转换服务，以及促进新兴行业提供就业机会，可以帮助这部分劳动力平稳过渡到新的职业角色。

最后，在 AI 技术的应用与推广中，企业不仅是技术进步的推动者，也应是负责任的社会成员。追求经济效益的同时，企业需要认识到其在员工培训和技能提升中的责任。这意味着不仅要为员工提供学习新技能的机会，也包括在必要时帮助他们转岗。

企业可以通过建立内部培训项目，提供在线学习资源，以及与教育机构合作开发定制课程等方式，支持员工的持续学习和职业发展。此外，通过采用开放式创新策略，企业可以与外部研究机构、初创公司合作，共同探索 AI 技术的新用途，创造出更多的就业机会。

二、虚假信息与深度伪造：信任的瓦解

在这个由数据和信息驱动的时代，深度学习技术的进步带来了前所未有的可能性，同时也带来了深刻的挑战。其中，虚假信息和深度伪造技术的兴起，对社会信任和公共安全构成了巨大威胁。这些技术使得制造出逼真的虚假信息变得易如反掌，挑战了我们识别真伪的能力，甚至威胁到了公共安全的基石。

深度学习技术特别是深度伪造技术的发展，让我们进入了一个"看见也不见得是真实"的时代。这些技术能够创建高度逼真的视频

和音频，以假乱真到让人难以分辨。从技术角度来看，这无疑是一个巨大的进步，但从社会影响的角度来看，却是一把双刃剑。虚假信息的泛滥不仅损害了个人的名誉，更有可能在更广泛的社会层面播种分裂和不信任的种子。

虚假信息和深度伪造技术的应用，尤其是在制造假新闻、伪造政治人物讲话等方面，对社会秩序构成了潜在威胁。这种技术的滥用可能会混淆公众对事实的认知，影响公众决策，甚至操纵选举结果。现代社会的治理基石在于公民的知情权和决策能力，而虚假信息的泛滥正是对这两大权利的直接侵犯。

面对虚假信息和深度伪造的挑战，我们需要从技术、法律和社会三个层面出发，共同寻找有效的应对策略。

在技术层面，研发和推广用于识别虚假信息的工具至关重要。利用 AI 技术的反向工程，开发能够检测和标记深度伪造内容的软件，帮助用户辨识内容的真伪。同时，加强对 AI 生成内容的水印和标记技术的研究，以确保内容的来源可追踪。

在法律层面，需要制定和完善相关法规，明确界定深度伪造内容的法律责任和界限。对故意制造和传播虚假信息的个人或机构，应予以法律追责。此外，鼓励跨国合作，共同打击跨境的虚假信息传播活动，保护全球公民的信息安全。

在社会层面，提高公众的媒介素养是长期而艰巨的任务。教育公众如何识别和鉴别信息的真伪，培养批判性思维，对抗虚假信息的滋生和传播。同时，加强对公众的科普教育，提高大众对深度伪造技术的认识和防范意识。

面对虚假信息和深度伪造技术带来的挑战，我们不能简单地将其视为技术发展的副产品而回避。相反，我们需要主动面对，从多个维度入手，共同构建一个更加健康、透明的信息环境。这是一场涉及技术、法律和文化多个层面的长期斗争，需要政府、企业和每一个公民的共同努力。只有这样，我们才能保护社会信任的基石，维护公共安全，促进健康民主的发展。

三、AI 会成为人类的主人吗

经典的系列科幻电影《终结者》讲述了 AI 失控最终反噬人类的可怕场景，并将这种技术描绘成人类的潜在威胁。虽然现实中 AI 远未达到科幻小说中描述的自主水平，但这仍然提醒我们：随着 AI 技术的不断发展，其自主性的增加可能会导致人类控制力的相对减弱。因此，虽然 AI 失控是一种极端的设想，但我们仍需保持警惕，确保技术的发展能够被合理地引导和控制。

随着 AI 技术越来越倾向于高级别的自主性，我们必须正视由此引发的伦理挑战。这包括 AI 决策过程的透明度和可解释性问题，以及如何保持对日益复杂的 AI 系统的有效监督。AI 的决策过程和其内部逻辑的不透明性，常常使得即使是开发者也无法完全解释其行为模式，更不用说普通用户。这种"黑箱"效应增加了对 AI 系统进行有效监督的难度，也加剧了人们对技术可能走向不可预知方向的担忧。

面对这些挑战，我们需要构建一个多层次、跨国界的 AI 风险治理框架，以确保技术的健康发展。这一框架应该包括技术标准的制定、行业自律的促进以及国际法律法规的执行。

首先是制定一套清晰的技术标准。这些标准必须能确保 AI 系统的设计和开发过程遵循可解释性和透明度的原则。只有当 AI 的决策过程足够透明，人类才能理解其内部逻辑和做出的决策，这是建立公众信任的关键。因此，这些技术标准不仅需要涵盖 AI 系统的安全性和可靠性，还应包括其可解释性和对用户的友好性。

其次，鼓励 AI 领域的企业和研究机构自行制定行为准则，是另一个重要的步骤。这种自我约束的机制能够促进伦理意识的提升和最佳实践的共享。通过行业内部的自我调节，可以更快速地响应 AI 技术发展中出现的新问题和挑战，同时也有助于形成一种对技术伦理和社会责任的共识。这种自律机制不是要替代法律法规，而是与之相辅相成，共同为 AI 技术的健康发展提供保障。

最后，必须在国际层面上进行合作，共同制定和执行跨国界的 AI 应用法律法规。AI 技术的影响不分国界，其风险也是全球性的。因此，只有通过国际合作，才能有效监管 AI 技术的发展和应用，确保全球范围内 AI 的利用符合人类共同的价值观和利益。这要求国家之间密切协作，共同制定国际标准和法律，同时在执行层面上保持一致，以防止出现监管真空或标准不一致的情况。

我们不能让 AI 技术的发展放任自流，也不能让恐惧阻碍我们利用这一工具为人类带来福祉。通过合理地设定规则、鼓励行业自律并推动国际合作，我们需要确保 AI 技术成为人类文明进步的助推器，而不是威胁。

四、以负责任的态度推动 AI 与人类的可持续发展

人工智能比原子弹危险多了。

——埃隆·马斯克

在人工智能（AI）的概念首次被提出时，它被视为科技进步的象征，一种可以无限接近甚至超越人类智慧的神奇创造。然而，随着技术的发展和应用的深入，一系列前所未有的问题和挑战也随之而来。最引人深思的问题之一便是："当 AI 拥有了自主意识和人类情绪之后，我们人类将如何自处？"或者用另一个说法，我们不得不重新去定义，"什么是人？"

（一）AI 的自主意识与人类情绪

想象一下，某天，AI 不仅能够模拟人类的思考过程，甚至还能感受到喜怒哀乐。对于这样拥有意识的 AI，我们人类是愿意承认它也是一个自由的实体，还是仍认为它不过是人类的"创造物"？这不仅是一个技术问题，更是一个深刻的哲学和伦理问题。

尤瓦尔·诺亚·赫拉利（Yuval Noah Harari）曾指出，人类的进程其实是由算法来决定的。在未来，人类的生化算法可能会被外部算法超越，这一担忧不无道理。目前，我们已经面临所谓的"算法黑箱"现象，即算法的运行逻辑和决策过程对人类来说是不透明的。这种不确定性和不可预测性给人类社会造成了前所未有的焦虑。

如果未来人类真的和 AI 发生了不可避免的冲突，我们又有多少把握能够取胜？这个问题虽然有些偏向科幻，但它反映了一个更深层次的担忧：随着 AI 技术的不断进步，人类是否会渐渐失去对这一强大技术的控制？

（二）技术进步的双刃剑

技术的发展带来了文明和便利，但同时也在无意识中将我们和技术捆绑在一起。电影《头号玩家》不仅是科幻想象，它们更是提供了对技术进步潜在影响的警示。

电影《头号玩家》中，"绿洲"的设计者詹姆斯·哈利迪（James Halliday）在游戏中设下三道关卡，依次通过关卡后便可获得三把钥匙，谁能够得到这三把钥匙，谁就能够拥有整个"绿洲"，由此引发了一场全世界范围内的争夺。男主韦德·沃兹（Parzival）在优先破解第一道关卡后，引起了科技巨头诺兰·索伦托（Nolan Sorrento）的注意。于是，诺兰开始想方设法在虚拟世界中对韦德及其小伙伴"赶尽杀绝"。当他发现在虚拟世界中赶杀无果后，竟开始在现实世界中，追杀这群威胁到他自身利益的人。

在这些故事中，技术不仅是提供便利的工具，更是权力的象征。谁掌握了技术，谁就拥有了塑造未来世界的能力。另外一个更深刻的命题是技术不仅没有去中心化，反而掌握在了更少的人手中。

（三）人类与 AI 的共生共存

AI 的到来，是会取代人类，还是与人类共生共进，今天依然无法断言。我们当下的选择与决策可能会影响日后长远的变化。面对

AI 技术带来的种种挑战，我们需要以负责任的态度来引领其发展。这意味着在推动技术创新的同时，也要确保技术的应用不会损害人类的福祉和地球的可持续性。

更重要的是，我们需要深刻反思技术与人类社会的关系，探索如何在享受技术带来便利的同时，保持人类的主导地位，确保技术的发展始终服务于人类的长远利益。在 AI 的未来世界中，我们需要的不是与机器的对抗，而是人机之间的和谐共生共存。

参考文献

［1］卢格尔．人工智能复杂问题求解的结构和策略［M］．赵志崑，史忠植，张银奎，等译．北京：机械工业出版社，2006.

［2］丁磊．生成式人工智能［M］．北京：中信出版社，2023.

［3］摩尔．跨越鸿沟［M］．赵娅，译．北京：机械工业出版社，2009.

［4］福斯格伦，亨布尔，金．加速：企业数字化转型的24项核心能力［M］．孙振鹏，乔皓天，乔梁，译．北京：人民邮电出版社，2022.

［5］凯利．失控［M］．张行舟，陈新武，王钦，等译．北京：电子工业出版社，2016.

［6］泽扎纳．未来生活简史［M］．寇莹莹，译．成都：四川人民出版社，2020.

［7］西蒙，杨一安．隐形冠军：未来全球化的先锋［M］．张帆，吴君，刘惠宇，等译．北京：机械工业出版社，2019.

［8］露西亚，莱普辛格．胜任：员工胜任能力模型应用手册

［M］. 郭玉广，译. 北京：北京大学出版社，2004.

　　［9］ 怀特赫斯特. 开放式组织：面向未来的组织管理新范式［M］. 王洋，译. 北京：机械工业出版社，2016.

　　［10］ 阿什肯纳斯，尤里奇，吉克，等. 无边界组织［M］. 康至军，姜文波，刘丽君. 译. 北京：机械工业出版社，2015.

　　［11］ 艾萨克森. 史蒂夫·乔布斯传［M］. 管延圻，魏群，余倩，等译. 北京：中信出版社，2011.

　　［12］ 库兹韦尔. 奇点临近［M］. 董振华，李庆诚，田源，译. 北京：机械工业出版社，2011.

　　［13］ 戴曼迪斯，科特勒. 富足：改变人类未来的千大力量［M］. 贾拥民，译. 杭州：浙江人民出版社，2016.

　　［14］ 戴曼迪斯，科特勒. 创业无畏：指数级成长路线图［M］. 贾拥民，译. 杭州：浙江人民出版社，2015.

　　［15］ 伊斯梅尔，马隆，范吉斯特. 指数型组织：打造独角兽公司的 11 个最强属性［M］. 苏健，译. 杭州：浙江人民出版社，2015.

　　［16］ 塔勒布. 反脆弱：从不确定性中获益［M］. 雨珂，译. 北京：中信出版社，2020.

　　［17］ 斯坦利，雷曼. 为什么伟大不能被计划：对创意、创新和创造的自由探索［M］. 彭相珍，译. 北京：中译出版社，2023.

　　［18］ 契克森米哈赖. 心流：最优体验心理学［M］. 张定绮，译. 北京：中信出版集团，2017.

　　［19］ 刘鹤. 两次全球大危机的比较研究［M］. 北京：中国经

济出版社，2013.

[20] 黄奇帆. 结构性改革：中国经济的问题与对策 ［M］. 北京：中信出版社，2020.

[21] 罗埃布莱特. 通用人工智能：初心与未来 ［M］. 郭斌，译. 北京：机械工业出版社，2023.

[22] 福田雅树，林秀弥，成原慧. AI 联结的社会：人工智能网络化时代的伦理与法律 ［M］. 宋爱，译. 北京：社会科学文献出版社，2020.

[23] 莱斯. 精益创业：新创企业的成长思维 ［M］. 吴彤，译. 北京：中信出版社，2012.

后　记

一次人+AI 的协同实验

"你要知道梨子的滋味，你就得变革梨子，亲口吃一吃。"①

——《实践论》1937 年 7 月

2023 年可能会以某种方式载入人类的科技发展史，尽管我们现在对于未来依然还是懵懂。

回首整本书，好像只有三句话。

1. AIGC（生成式人工智能）可能转动了 AGI（通用人工智能）的钥匙，从而为人类推开了智能时代的大门，尽管目前只开了一条细缝。

2. 如果未来人类将与 AI 共生共存，那么人+AI 协同工作，共同生活，将是大概率事件。

① 毛泽东选集：第一卷［M］. 北京：人民出版社，1991：287.

3. 如果想要知道人如何与 AI 共存，尤其是如何与 AI 协同工作，上手实践是最好的方法，尽管时下的 AI 工具还十分初级，但足以体会其无限的潜力。

本书的写作过程，即一场人+AI 的协同的实验。

这场实验的过程，让我有三层体验。

第一层体验：待之以徒

在写作之初，我对 AI 的感觉，只是将之作为一种工具，帮助我更高效地完成工作。

工具是不会有什么想法的，更不用提情感了，Windows、Office、滴滴打车、美团，都是工具，帮助我们完成某种特定的任务。

我是控制着一切的。

但 AI 毕竟不同于普通的工具，普通的工具是不具备扩展和延展性的，当初的程序是如何设定，其运行过程以及达成的结果便是如此，不会越雷池一步。

AI 不一样，它具备学习性，随着写作的展开，我惊讶地发现，它生成的结果一次比一次更加令我满意，很显然，它在"进步"。尽管在一开始，我花了不少工夫，去逐字逐句地调整，这效率看起来，还不如我自己字斟句酌的敲键盘。但它还是以肉眼可见的速度在"成长"。这里用"成长"这个词，我想表达的含义是，它似乎越来越懂我了，知道我想要什么，能够稍微体会我的思考方式、我写作的思路，以及我想要的表达风格。

终于有一天，我有了一个感觉，我像是一个老师傅，而 AI 像是一个"徒弟"，一个潜能无限，学习欲望与能力极强的"徒弟"。作为一个从事教育工作 20 多年的笔者，我甚至感觉它比大多数我所教过的学生学得都要好，输出的结果更好。

这本书 10 万多字，从 2024 年春节期间算起，满打满算，只写了 20 天，每天 2~4 个小时不等，我估计总共应在 50~80 小时，即每小时 1250~2000 字，每分钟 20~33 字，每 2~3 秒一个字。

显然，这是位非常优秀的"徒弟"。

第二层体验：待之以友。

随着写作的进行，我遇到了我不熟悉的领域。

借用乔哈里视窗理论（Johari Window）来说明。

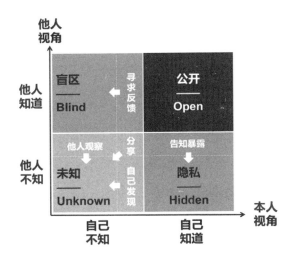

图 1　乔哈里视窗理论（Johari Window）

一开始我和 AI 处于我自己知道，AI 也知道的领域，即公开领域（只是借用这一模型来说明，AI 的知识储备与预训练的样本量要无数倍于我，完全不在一个量级上），在这一领域里，我将 AI 待之以徒，通过磨合，取得了一些进展，可以说我在"调教"AI 模型为我所用。

但随着写作的深入，我进入了一些我不太熟悉的领域，然而 AI 是知道的，即我进入了我的盲区。

我自己也没有思路，不知道如何架构内容。于是我试着向 AI 提问，在这一过程中，我立刻觉察到了自己内心的傲慢，AI 给出的答案扩展了我的认知，启发了我的思路，我不再有"我掌控一切"的错觉。

通过 AI 大模型与搜索的交替使用，我进入了新的阶段。之前的写作是我将以前一段时间的学习与沉淀通过写作的方式输出，而当我进入盲区之后，我在一边学习输入，一边消化输出。

这时，AI 不再是徒弟的角色，而变成了良师益友，陪伴我不断地去探索新的领域，将新吸收的内容，与我原来的认知融合，创造出新的观点，这一过程实在是一种享受。

这立刻让我有了一种感觉，在引导辅助"自主学习"方面，AI 大模型大有可为。

虽然我体验到的大语言模型，有两个方面的不足，这仅仅是个人的实践心得，供参考。

第一，虽然我投喂了许多文献资料给到模型，但模型的输出仅仅是就事论事。也就是说，大模型并不能将输入的多个文章，融会贯通，形成一个新框架，产生新的观点，它仅仅是在原来的内容基础上，重新排列组合，这仿佛是一种物理反应，而不是化学反应。

第二，大模型并不能凭空产生灵感。但是大模型可以更高效、更精准地收集资料，并在整理提炼后，输出有条理的框架，在这个过程中，在我与AI交互的过程中，我会产生灵感。

当我有了灵感，即创造出新的观点后，AI模型又可以迅速找到佐证，并将观点延伸成为一个理论知识框架，并在我与AI进一步的互动中，延伸修剪这个框架，使之更为合理流畅。

在这一阶段，我与AI是平等的关系了，相互帮助，各有擅长的方面，能够合作创造出新的东西。这在工作中，其实是非常难得的。更为难得的是，以大模型的知识储备与预训练的量级，它能呈现出"遇强则强"的潜力，即便是更为专业的领域研究，只需要补足知识库，进行训练就可以了。

关键是人+AI协同工作的模式，不仅能够完成已知的工作，还能够赋能高价值的创造性工作，共同去探索未知的领域，将巨大的知识储备，转化为有用的知识成果。

对充满好奇心，热爱学习探索的我来说，有友若此，夫复何求？

第三层体验：待之以师。

　　我思，故我在

——笛卡尔

我曾经与多位从事教育工作的好友探讨：什么是真正的教育？

答案有很多，我比较认同的是：启人心智。

基础的教育，人类知识的传承是必要的。没有足够的知识储备与框架，不经过一定程度的训练，并不能凭空创造，即使是天才儿

243

童，也需要历经这一过程，才能有所成。

但是仅凭知识与理性的思考，就能够激发创造力吗？

在与 AI 协作的这段时间里，我察觉到了目前 AI 大模型的一个缺陷——缺乏情感。

如同弹奏一首钢琴曲，熟练流畅地弹奏和将身心完全融入琴键，饱含激情地演奏完全是两回事。我曾经身临其境，现场听过一场演奏，其强烈的情感，欣喜、愤怒、急切、悲伤，感同身受，如同经受一番洗礼，酣畅淋漓之余，又意犹未尽。

人类除了具有意识以外，还具有情感，这更加复杂。

在情感之外，还具有直觉，完全不讲逻辑，在逻辑之外的未知领域。

我此刻能够意识到，我正在电脑面前写下这些文字。

我知道我在干什么，我能理解我为什么做这些事。

我能够感受到此刻此间。

让我们做个思想实验：

如果 AI 产生了意识，也能够意识到它在做什么？

那么人将如何自处？生命是否应该重新定义？

如果只将意识局限于头脑，那么在面对 AI 时，我们的确会产生焦虑感。毕竟古往今来，没有人能够拥有如此浩瀚的知识量，而且随着时间的推移，我们也无法准确预测 AI 还能够带给我什么样的震撼。人引以为傲，自以为独一无二的智能，开始变得岌岌可危。

但是，假如我们把视野放大，从头脑层面展开来，身体的、情感的、直觉的，我们还有没有更广阔、更高维的智慧？

在教育中，我们一直以人类先贤为师，踏着他们曾经思考与探索过的领域，延续并创造人类文明。

AI 会不会带领我们，触碰到头脑智慧的边界，去探索更广阔、未知的领域？

人+AI 的协作，确实会明显地提升效率，更有成效地获得结果。

然而，效率和结果真的是唯一重要的吗？

此刻，并没有 AI 的赋能与协作，微风拂过桌面，一杯清茶相伴，任凭这些词句从我心中浮现，又流淌在指尖，不也是挺美好的吗？

毕竟，我动笔写这本书的初衷就是想尝试一下，人与 AI 协作会是什么样的体验，能够创造出什么样的成果。

至少，在当下，我已满怀感激，并收获满满。

而且，我知道，这还只是通往未知的惊鸿一瞥。